Il grande libro dei test

Realizzazione: Artemisia progetti editoriali srl, Genova
Testi: Daniela Nahum, Alberto Scarabelli
Redazione: Laura Aceti, Silvia Canevaro, Marco Scuderi
Illustrazioni: Stefano Scagni

I test che si rivolgono al pubblico femminile sono stati indicati con il simbolo ♀, mentre quelli pensati per il pubblico maschile hanno il simbolo ♂. I test senza simbolo sono per tutti.

www.giunti.it

Via Bolognese 165 - 50139 Firenze - Italia
Via Dante 4 - 20121 Milano - Italia
Prima edizione: aprile 2009

Ristampa	Anno
6 5 4 3 2 1 0	2013 2012 2011 2010 2009

Stampato presso Giunti Industrie Grafiche S.p.A. – Stabilimento di Prato

Daniela Nahum - Alberto Scarabelli

Il grande libro dei test

ALCUNI SONO SCHERZOSI E ALTRI SERI, MA TUTTI CAPACI DI IMPEGNARE CON GIOIA MENTE E CORPO!

GIUNTI DEMETRA

Sommario

TERZA PARTE

Premessa

Il filosofo Socrate era molto stimato per la sua saggezza. Un giorno un conoscente lo avvicinò e gli chiese: «Sai che cosa ho sentito a proposito di quel tuo amico?».
«Aspetta un momento!» lo interruppe Socrate, «prima che tu me lo dica voglio farti un piccolo test che ho chiamato il "test del triplo filtro"!».
«Test del triplo filtro?».
«Proprio così!» continuò Socrate, «prima che tu mi parli del mio amico, potrebbe essere una buona idea filtrare quello che dirai. Per questo lo chiamo il test del triplo filtro. Il primo filtro è quello della verità: sei sicuro che quello che stai per dirmi è vero?».
«Veramente ne ho solo sentito parlare e...».
«Bene!» disse Socrate, «perciò non sai se è la verità o no. Ora passiamo al secondo filtro, il filtro della virtù. È qualcosa di buono che stai per dirmi a riguardo del mio amico?».
«No, al contrario...».
«Dunque vuoi dirmi qualcosa di negativo su di lui e non sai se è proprio vero. Arriviamo allora all'ultimo test, quello dell'utilità. Quello che stai per dirmi a proposito del mio amico potrebbe essermi utile?».
«Beh, non realmente...».
Concluse Socrate: «Se vuoi dirmi qualcosa che non è vero, né buono e neppure utile perché farlo?».

Il *Grande libro dei test* è pensato per comprendere i tratti della personalità, oltre che per migliorare i rapporti con il prossimo. Anche se privi di seria valenza diagnostica – per intenderci quella degli psicologi professionisti – questi test aiutano a guardare dentro di voi, facendovi trascorrere delle ore piacevoli. E poi sono divertenti! Alcuni sono scherzosi e altri seri, ma tutti capaci di impegnare piacevolmente mente e corpo.

I test sono divisi in genere così:
- test individuali e collettivi;
- test di rendimento;
- test di velocità e potenza;
- test verbali;
- test specifici, secondo le finalità per le quali il test è preparato.

Proprio in base al fine per il quale sono creati è possibile ripartirli ulteriormente in:
- test attitudinali;
- test di personalità;
- test d'intelligenza generale.

I test attitudinali permettono d'individuare la massima abilità del soggetto in un determinato campo. Ne esistono diversi tipi e di solito non forniscono un unico punteggio, bensì una serie di valutazioni in base alle diverse attitudini. Si ottiene così una visione globale delle capacità.

I test di personalità sono utilizzati per valutare i diversi aspetti della personalità del soggetto.

I test d'intelligenza sono destinati alla misurazione del livello logico-intellettivo generale.

In base a quanto descritto, riteniamo di suddividere questo libro in tre grandi categorie di test, corrispondenti alle tre parti sotto indicate:
- test sull'intelligenza emotiva e sociale;
- test sulla personalità e sul carattere;
- test di abilità varie.

Ma che cosa sono e a che cosa servono in generale i test? E che cosa si intende con il termine test? Ecco una definizione: «Il test è un insieme di stimoli che vengono presentati al soggetto sottoposto alla prova, utilizzando una particolare procedura che permette di raggiungere risposte valutabili sulla base di criteri specifici». Gli stimoli presentati possono essere svariati: disegni, domande a cui si risponde per iscritto, a voce, a risposta chiusa o aperta, a tempo.

In particolare, i test definiti "d'intelligenza" sono degli strumenti, costituiti in genere da domande e quiz di vario genere, usati per misurare le capacità mentali superiori. Diventa quindi necessario definire nel modo migliore possibile il concetto di "intelligenza". Molti studiosi se ne sono occupati proponendone ognuno una differente definizione con conseguenti modalità di misurazione e valutazione differenti. L'intelligenza sembrerebbe essere il risultato di abilità strettamente cognitive, quali le capacità logiche, di ragionamento e mnemoniche, combinate ad aspetti della personalità e altri tratti caratteriali quali la concentrazione, la perseveranza e il personale livello d'ansia che influiscono sulle prestazioni.

L'intelligenza varia con il passare del tempo perché è legata all'apprendimento e alla stimolazione che l'ambiente offre all'individuo, ma un forte peso è dato anche dalle componenti genetiche che ne stabiliscono i limiti. È allora un dono naturale? O una facoltà che si arricchisce in rapporto con ambiente, esperienze e cultura? È un'entità misurabile e quantificabile anche con un test? O il segreto della vita mentale che si nasconde nel cervello umano è ancora tutto da scoprire?

Negli ultimi decenni neurobiologi e psicologi hanno cercato di dare risposte a queste domande. Nessuna è stata finora esauriente. Difficile, secondo la neuroscienza, spiegare tutti quei meccanismi che stanno alla base dei processi mentali. E ancor più arduo è misurare con matematica esattezza una facoltà, l'intelligenza, che è fatta di tante capacità distinte e correlate tra loro: comprensione, pensiero, elaborazione, giudizio, soluzioni e scelte. È un fatto ormai assodato che la preponderanza di un tipo di intelligenza rispetto a un'altra dipende in larga parte dalla dominanza emisferica del cervello di ognuno: ci sono persone cioè in cui è più attivo l'emisfero sinistro e che di conseguenza dimostrano una maggiore propensione a risolvere problemi di natura cognitiva e di tipo logico-matematico, mentre altre persone manifestano una dominanza dell'emisfero destro e sono più predisposte a trovare soluzioni creative ai problemi, hanno più spiccate capacità nella soluzione dei quesiti di natura linguistica, dimostrano una forte carica empatica e fronteggiano efficacemente le difficoltà nelle relazioni interpersonali.

L'intelligenza non è dunque qualcosa di unico e monolitico che resta invariato nel corso della vita. Non è una capacità universale e assoluta, di cui Leonardo da Vinci è un raro esempio. Oggi è più corretto parlare di diverse forme di intelligenza che ciascuno di noi possiede in misura diversa ed esprime al meglio in circostanze diverse.

PRIMA PARTE

Intelligenza emotiva e sociale

Stare insieme, in coppia, ci rende felici, ma se vogliamo continuare a esserlo sul serio dobbiamo dedicare alla nostra relazione molto impegno. Non basta volersi bene, bisogna capirsi, venirsi incontro e sapersi mettere nei panni del partner. Per alcuni di noi è un atteggiamento naturale, per altri risulta difficile accorgersi dei bisogni inespressi dell'altro. Eppure, sviluppando la nostra intelligenza emotiva possiamo diventare compagni perfetti. L'intelligenza socio-emotiva è costituita da quell'insieme di caratteristiche che ci permettono di relazionarci positivamente con gli altri e di interagire con essi in modo produttivo e costruttivo.

La misura del quoziente d'intelligenza riferita alle tradizionali capacità logiche, matematiche, verbali e spaziali, effettuata tramite gli usuali test d'intelligenza, mostra i suoi limiti quando viene utilizzata come indice per prevedere il successo che un individuo otterrà nella vita professionale e in quella sociale. Spesso, infatti, a elevati livelli di intelligenza logica corrispondono risultati modesti nel campo del lavoro e nella sfera affettiva. Una delle componenti più importanti dell'intelligenza sociale è costituita dall'empatia, ossia dalla capacità di riconoscere le emozioni e i sentimenti negli altri, ponendosi idealmente nei loro panni e riuscendo a comprenderne i rispettivi punti di vista, gli interessi e le difficoltà. Essere empatici significa percepire il mondo interiore dell'altro come se fosse il proprio.

Scopri con questa serie di test se sei un buon partner empatico, rispondendo alle domande in modo sincero.

Test 1

Dimmi come baci e ti dirò chi sei

Il bacio non è solamente un "apostrofo rosa tra le parole ti amo", bensì una dimostrazione di passione, unione, tenerezza e affetto. Gli studiosi ritengono che ci siano quasi venti modi di baciare e ciascuno di noi ne ha uno personale, dal quale è possibile dedurre il carattere, i sentimenti e il valore del rapporto con il partner.

Come baci? Scegli il tuo *modus operandi* e scopri un lato sconosciuto della tua personalità.

- A. **BACIO ACCAREZZATO** ☐
- B. **BACIO BAGNATO** ☐
- C. **IN PUBBLICO** ☐
- D. **A LABBRA CONTRATTE** ☐
- E. **BACIO VORTICOSO** ☐
- F. **BACIO VIOLENTO** ☐
- G. **BACIO PARLATO** ☐
- H. **BACIO PASSIVO** ☐
- I. **IN CRESCENDO** ☐
- L. **DA VAMPIRO** ☐
- M. **MORDI-ORECCHIE** ☐
- N. **DA PIOVRA** ☐
- O. **ALLA FRANCESE** ☐
- P. **SPRAY E MENTINE PRIMA** ☐
- Q. **BACIO AFFETTUOSO** ☐
- R. **BACIO VISIBILE** ☐
- S. **A OCCHI APERTI** ☐
- T. **A OCCHI CHIUSI** ☐
- U. **NON AMI BACIARE** ☐

Hai scelto? Bene, ora leggi con attenzione che cosa rivela il tuo modo di baciare.

A. BACIO ACCAREZZATO

Preferisci coccolare il partner e riempirlo di tenerezze piuttosto che aggrapparti a lui come una piovra. Lasciar intuire è spesso più utile che esibire: meglio uno sguardo di un certo tipo che milioni di parole. Mentre le vostre labbra si sfiorano delicatamente, le tue dita accarezzano con gentilezza il corpo del partner in un'esplosione di dolcezza.

B. BACIO BAGNATO

Se le tue labbra sono umide e si schiudono ancora prima di essere sfiorate da quelle del partner, significa che sei una persona disponibile e ricca di calore umano. Ma fai attenzione a non lasciar colare la saliva sul cuscino, o potresti rischiare di rovinare tutto! Sei quasi privo di inibizioni e con te è un piacere giocare, ma qualche volta ti riveli un amante un po' fiacco.

C. IN PUBBLICO

Baciare in pubblico è un buon metodo per esibirsi e nello stesso tempo convincere se stessi. Ti piace credere che la gente provi invidia nei tuoi confronti, probabilmente per reazione alla timidezza di cui devi aver sofferto durante l'adolescenza. Riveli doti da grande attore e infatti ti sentiresti più a tuo agio se potessi fare l'amore nella vetrina di un negozio piuttosto che in un luogo tranquillo. Il bacio in pubblico è anche un modo per ribadire il tuo ruolo e scoraggiare eventuali concorrenti.

D. A LABBRA CONTRATTE

Le tue labbra sembrano senz'altro seducenti, ma tenerle troppo rigide potrebbe far sentire il partner respinto, inducendolo inoltre a temere una tua scarsa partecipazione non solo per il rapporto sessuale, ma anche mentale e affettivo. Questo modo di baciare rivela un fondo di aggressività e ottiene l'effetto di tenere sotto controllo i potenziali amanti. Potrai anche cercare di far credere che preferisci che sia il partner a fare il primo passo, ma in realtà è evidente che vuoi avere tu la situazione in pugno e decidere quando è il momento giusto.

E. BACIO VORTICOSO

Si definiscono baci vorticosi quelli che impediscono quasi al partner di respirare. Se baci in questo modo, cercando di stupire il tuo compagno con travolgenti prestazioni, non stai mostrando la tua passione ma stai rivelando piuttosto una personalità insicura.

F. BACIO VIOLENTO

È il tipico bacio che dà l'uomo, soprattutto quel genere di uomo persuaso che il miglior modo per ottenere qualcosa sia prenderselo e che comportarsi come se la forza bruta potesse legarlo per sempre al partner sia il modo giusto per condividere il senso d'intimità e d'amore. Se baci in questo modo ti riveli essere molto influenzato dall'immagine stereotipata del *macho*, che evita di mostrare anche la minima debolezza o un poco di tenerezza per paura di essere rifiutato dalla sua compagna. I tuoi partner dovranno adeguarsi o cambiare strada!

G. BACIO PARLATO

Se riesci a parlare anche mentre stai baciando, significa che il tuo corpo viene inibito dalla mente. Sei costantemente combattuto tra la volontà di mantenere il controllo in qualsiasi tipo di situazione e il lasciarti andare ai richiami del tuo corpo. Questo tipo di ambivalenza si riflette anche in altri aspetti della tua vita: infatti la ragione non permette mai ai tuoi istinti di avere il sopravvento. Se continui a parlare così tanto per il tuo partner sarà impossibile raggiungere la tua lingua.

H. BACIO PASSIVO

Baciare in modo passivo, cioè tendendo più a ricevere che a dare, potrebbe rivelare disinteresse e trascuratezza nei confronti del proprio partner. Con ogni probabilità, se baci in questo modo dimostri di essere una persona piuttosto avara durante il rapporto sessuale, soprattutto nella fase dei preliminari.

I. IN CRESCENDO

Se inizi con baci brevi che lentamente si trasformano in lunghi baci appassionati, riveli una natura sensuale, sebbene piuttosto cauta. Forse non vuoi lasciar trasparire i tuoi sentimenti nel timore che vengano sopravvalutati. Cerca di non scivolare in preludi talmente lunghi da allontanare il pubblico prima ancora che incominci il concerto.

L. DA VAMPIRO

I tuoi baci lasciano il segno. Non ti basta sapere di possedere qualcuno, vuoi che anche gli altri se ne accorgano bene. È probabile che tu appartenga alla categoria di persone che incidono ovunque cuori trafitti con le proprie iniziali. Il tuo morso è come un tatuaggio d'amore e mette in guardia eventuali concorrenti dall'avvicinare la tua preda. Sarà bene che il tuo partner si munisca di un buon numero di pullover a collo alto o di foulard di seta per nascondere le tracce dei tuoi baci.

M. MORDI-ORECCHIE

Il tuo partner deve pensare che tu non sia una persona che mangia spesso! In realtà sei solo molto timido e preferisci evitare l'approccio diretto. Quando vai a una festa preferisci restare un po' di tempo in disparte a valutare la situazione prima di lanciarti nella mischia. E anche la tua tecnica di mordicchiare le orecchie del compagno è solo un modo per evitare uno scomodo faccia a faccia.

N. DA PIOVRA

Quando baci ami afferrare saldamente il tuo partner e aggrapparti alla sua schiena, ai suoi capelli, alle sue mani, a qualsiasi cosa, insomma, tu possa raggiungere. È certo che riuscirai ad attrarre coloro che si sentono protetti dal tuo atteggiamento dominante: finché non mollerai la presa, il rapporto dovrebbe funzionare piuttosto bene.

O. ALLA FRANCESE

È un bacio tra i più classici e si pratica intrecciando la lingua a quella del partner. Rivela una natura pratica e la determinazione a ottenere quello che si vuole. Sei una persona sensibile e un vero buongustaio del bacio, che vuole assaggiare una vasta gamma di sapori e testare il maggior numero di esperienze.

P. SPRAY E MENTINE PRIMA

Se ne fai uso dopo un pasto a base di aglio e cipolla riveli molta sensibilità nei confronti del tuo partner. Ma se il tuo è un rituale obbligatorio, riveli scarsa consapevolezza di te stesso, poca spontaneità e una serie di inibizioni nel comportamento sessuale. Quando il tuo partner ti bacia a occhi chiusi non riesce a sentire il tuo sapore, ma ha la sensazione di bere un sorso di colluttorio.

Q. BACIO AFFETTUOSO

Sei una persona aperta e calorosa. Non discrimini i destinatari dei tuoi baci e tutti ne ricevono qualcuno da te: dai parenti agli amici fino ai semplici conoscenti. Nessuno sospetta che dietro questa calorosa facciata si nasconda qualcuno che, in realtà, teme il contatto fisico. Ami profondamente sentirti vicino agli altri, ma ciò non rappresenta purtroppo niente di veramente sentito.

R. BACIO VISIBILE

Se prediligi i baci visibili – cioè quelli in cui la tua lingua e quella del tuo partner si incontrano fuori dalla bocca – sei una persona che nel rapporto di coppia considera prioritari gli aspetti legati al divertimento e al sesso fine a se stesso. Possiedi senz'altro una buona dose di esibizionismo, che è forse una forma di reazione alla timidezza di cui devi aver sofferto da bambino o adolescente. Le tue indubbie doti recitative non ti fanno sentire mai a disagio in nessuna situazione.

S. A OCCHI APERTI

Se baci sempre a occhi aperti, o li apri di tanto in tanto, dimostri di voler avere la situazione sotto controllo e di non volerti far cogliere di sorpresa. Hai paura di lasciarti andare a un incontrollabile piacere e temi di finire in balia dell'amato. Sei senza dubbio una persona realista e il tuo partner prova quasi sicuramente maggior piacere di te. In questo modo non rischi di andare quasi mai incontro a delusioni, ma non incontrerai nemmeno grandissime passioni. Il motivo per cui finora non ti sei mai innamorato follemente sta proprio nel tuo perenne stato di preallarme.

T. A OCCHI CHIUSI

Baciare a occhi chiusi non significa ritenere brutto il partner, ma semplicemente avere un'anima estremamente romantica. Tenendo gli occhi chiusi puoi lasciarti andare alle fantasie più dolci, ma attenzione a non cadere vittima di illusioni romantiche. Quando ti innamori sappi che, una volta riaperti gli occhi, ti potrebbe anche capitare di atterrare bruscamente.

U. NON AMI BACIARE

Se non ami baciare significa che prediligi i rapporti privi di coinvolgimento emotivo. Baciare è una potente forma di comunicazione e, se non ami farlo, significa che non hai quasi niente da dire, men che meno al tuo compagno. Attenzione a non lasciare che la vita ti passi accanto senza lasciare grandi segni nel tuo cuore!

Test 2

Il test del cono gelato

Incredibile, ma vero, anche il modo di mangiare un gelato può rivelare che animale sociale sei. Prova con questo fresco e dolce test.

Come mangi il cono gelato?

A. A LECCATE ☐
B. CON PICCOLI MORSI ☐
C. A GRANDI MORSI ☐
D. COMINCIANDO DALLA PARTE INFERIORE DEL CONO ☐

Hai scelto? Bene, ecco la descrizione della tua personalità.

A. A LECCATE

Sei una persona che adora la vita mondana. Ti piace molto prendere parte alle feste e sei sempre aperto a nuove conoscenze. Ti riveli ambizioso, ottimista e hai un'indubbia natura da provocatore.

B. CON PICCOLI MORSI

Sei un tipo attento e cauto in qualunque circostanza. Per questo motivo non prendi mai decisioni affrettate. Sei cordiale e sensibile.

C. A GRANDI MORSI

Hai un carattere testardo e quasi sempre si deve fare come decidi tu. In compenso sei una persona sincera e questo ti permette di solito di andare d'accordo con le persone che ti sono vicine.

D. COMINCIANDO DALLA PARTE INFERIORE DEL CONO

La tua principale caratteristica è il rigore. Ami la disciplina, ma talvolta riveli una certa imprevedibilità. Non competi per il gusto di partecipare, ma esclusivamente per vincere! Ti piace viaggiare.

Test 3

Scova il lato più cattivo della tua personalità

Rispondi alle domande qui di seguito e scoprirai a quale personaggio cattivone del cinema assomigli.

1. Il tuo trofeo preferito...

A. Le armi del nemico conquistate in combattimento. ☐
B. La testa di chi ha impunemente nominato la mamma. ☐

2. Trasformarsi e nascondersi dietro una maschera da far páura... Che cosa ne pensi?

A. Perché no, magari riesci a terrorizzare il tuo capoufficio. ☐
B. Niente travestimenti, basta la tua faccia appena sveglio. ☐

3. Non riuscirai mai a sopportare:

A. I boy-scout palesemente felici nell'aiutare le vecchiette ad attraversare la strada. ☐
B. I serial killer che non fanno fuoco prima di essersi accesi una sigaretta. ☐

4. In quale personaggio ti identifichi maggiormente?

A. Il dottor Frankenstein. ☐
B. Il Grande Fratello in *1984* di George Orwell. ☐

5. Vorresti vendicarti di qualcuno! Ma qual è il metodo migliore?

A. Trafiggi con gli spilloni una bambolina voodoo. ☐
B. Piazzi nel frigorifero una carica di esplosivo! ☐

6. Sei riuscito ad acchiappare quel fastidioso supereroe! Che cosa fai?

A. Gli descrivi minuziosamente come intendi eliminarlo, quindi azioni il raggio positronico. ☐
B. Lo cospargi di marmellata e lo arrotoli per bene nelle piume, quindi accendi un fiammifero... ☐

7. Vuoi esercitare la tua malvagità: che cosa preferisci indossare?

A. Una giacca di pelle ecologica, ami l'effetto Matrix ma detesti far del male agli animali. ☐

B. Un completo di alta sartoria, ma naturalmente solo se è antimacchia. ☐

8. Ti irritano di più:

A. Le persone più potenti di te. ☐

B. Le persone che non sono capaci di portare rispetto. ☐

E ora analizza le tue risposte.

Maggioranza di risposte A

Il tuo personaggio cinematografico è Superman (il cui vero nome, ricordiamolo, è Clark Kent). Qualcuno deve riportare un poco di ordine nel mondo e quel qualcuno sei tu. Certo, ristabilire la giustizia è importante, peccato però che tu abbia la tendenza a interpretare il ruolo del vendicatore in modo troppo zelante e a dare alla parola giustizia un'interpretazione del tutto personale. Il giorno che ti spuntassero dei superpoteri i tuoi ex compagni delle elementari che ti rubavano la merendina farebbero meglio a trovarsi un rifugio lontano!

Maggioranza di risposte B

Assomigli tanto ad Alex Forrest, la femme fatale del film *Attrazione fatale*, ovvero *lady* vendetta. Per prima cosa respira e metti giù quel pugnale: non è colpa nostra se non sei da Nobel per la pace! Ok, ora rilassiamoci contemplando le tue straordinarie qualità: spirito d'osservazione, ottimi riflessi, fisico mozzafiato, passionalità e tantissime altre che sarebbe superfluo elencare tanto sono evidenti. Volendo proprio farti un appunto sei un tantino vendicativo e la tua tendenza a frantumare con rabbia tutti i nani da giardino che ti capitano a tiro è leggermente inquietante.

Equivalenza di risposte tra A e B

Sei come Darth Vader, il cattivo dominatore della saga di *Guerre Stellari*. Se c'è una cosa che non sopporti è la violenza gratuita: perché lasciarsi andare a inutili spargimenti di sangue quando c'è da conquistare l'intero universo? Il tuo vero problema è essere circondato da una massa di incompetenti che non interpretano i tuoi ordini in modo preciso. Migliora la tua leadership!

Test 4

Il test della toilette: come ti comporti in autogrill?

Avresti mai potuto dire che anche la scelta della toilette può rivelare che genere di persona sei? E allora forza, prova questo velocissimo test.

Arrivi all'autogrill ed entri nella toilette. Vedi tre bagni e sono tutti liberi: quale scegli?

A. QUELLO IN FONDO ALLA STANZA ☐
B. QUELLO AL CENTRO ☐
C. QUELLO PIÙ VICINO ALL'INGRESSO ☐

Dopo la tua scelta vediamo insieme che cosa possiamo dedurre.

A. QUELLO IN FONDO ALLA STANZA

Sei un tipo tranquillo e riflessivo, a volte fin troppo calmo: gli altri potrebbero anche finire con il giudicarti una persona noiosa. E sarebbe un vero peccato, perché nella realtà hai un sacco di doti interessanti. Inoltre, la tua inerzia nel prendere decisioni ti porta a lasciarti sfuggire parecchie delle buone opportunità della vita. Osa un tantino di più, anche se continuerai a scegliere il luogo più sicuro per il tuo carattere.

B. QUELLO AL CENTRO

Sei di fatto una persona pratica, ma, prima di prendere una decisione, hai bisogno di tanto tempo per riflettere sul problema che ti si pone di fronte e senti il bisogno di analizzare tutto nei minimi particolari, anche i più minuti. Di conseguenza corri il rischio di apparire noioso a chi non possiede la tua stessa "mappa del mondo". Sforzati dunque di capire i tuoi interlocutori. In genere però sei molto cordiale e riesci pure a essere romantico anche se, talvolta, ti comporti in maniera decisamente imprudente. Presta perciò più attenzione a quel che fai quando viaggi con la testa nelle nuvole!

C. QUELLO PIÙ VICINO ALL'INGRESSO

Sei un tipo sempre di fretta, tutto il giorno di corsa. In ogni caso sei molto sveglio ed efficiente. Un pensatore rapido ed efficace, che non ama perdere tempo né disperdere le proprie energie. Insomma un tipo tosto che sa come si affrontano i problemi della vita. C'è tuttavia un rischio che un personaggio simile può correre: talvolta è possibile infatti che appaia avventato agli occhi di chi utilizza altre strategie di comportamento. E per di più può apparire pessimista, cosa sicuramente non vera!

Test 5

Il test delle convinzioni

Di che cosa sono convinto? Dalle credenze e convinzioni dipende la qualità della nostra vita. Prenditi tutto il tempo che desideri per analizzare la domanda che trovi qui di seguito e poi verifica la tua risposta.

Ecco la domanda:

«Le donne in auto provocano meno incidenti degli uomini, quindi guidano meglio. È vero?».

Scegli la risposta che ritieni più adeguata e vediamo insieme che cosa ne possiamo dedurre.

• Non è vero.
Il numero degli incidenti è importante per le compagnie di assicurazione. Per decidere chi guida meglio non è il numero di incidenti che conta, ma il numero di incidenti in rapporto al numero di chilometri percorsi. Infatti gli uomini fanno più chilometri e in condizioni più sfavorevoli, come per esempio i camionisti. Hai centrato perfettamente il problema.

• Non è vero: il fenomeno è molto più complesso e non basta considerare il numero degli incidenti.
Hai scorto la verità, ma non meriti un voto alto perché non era poi difficile precisare ulteriormente la tua deduzione. Infatti è necessario tener presente il numero di conducenti maschi e il numero di conducenti femmine e, quindi, calcolare la percentuale di incidenti in proporzione.

• Sì, è vero.
Ti sei proprio lasciato influenzare dalle campagne pubblicitarie delle compagnie di assicurazioni, per le quali non è importante chi guida meglio bensì chi fa meno incidenti a parità di periodo assicurato e non

di chilometri percorsi. Se rifletti con attenzione e in più verifichi con dati certi il numero di uomini e donne alla guida, potresti renderti conto che probabilmente è esattamente il contrario.

• **Non è vero: occorre considerare anche la gravità degli incidenti.**
Non hai centrato il problema. La gravità dell'incidente è un parametro del tutto secondario a tanti altri fattori: numero di chilometri percorsi, condizioni di guida ecc. Inoltre la gravità non è legata alla bravura nella guida, ma anche ad altri elementi, non ultimo il caso.

• **Sì, è vero, ma questo non vuol dire che tutte le donne sappiano guidare bene.**
Non solo hai fatto un ragionamento sbagliato ma, non capendoci niente, cerchi anche di completarlo con una proposizione in sé logica, ma che nulla c'entra con la domanda iniziale. Hai cioè la tendenza a far "tornare i conti" non razionalmente, ma in base a ciò che "senti" come giusto.

• **La statistica non è attendibile.**
Qui ci si arrampica sui vetri: per te vale la regola «Negare, negare, negare sempre, anche di fronte all'evidenza!».

Test 6

Qual è il tuo grado di innamoramento? ♂

Vuoi sapere se sei davvero innamorato della tua compagna? Mettiti una mano sul cuore e rispondi con sincerità a queste domande, per scoprire quanto è profondo il tuo sentimento.

1. Preferisci trascorrere una giornata con...

A. I tuoi amici. ☐
B. La tua lei. ☐
C. La tua famiglia. ☐

2. Come immagini una notte d'amore con la tua partner?

A. Mousse al cioccolato, fiori e candele profumate. ☐
B. All'insegna della trasgressione. ☐
C. Non la immagini facilmente. ☐

3. Una tua ex si fa di nuovo viva, che cosa fai?

A. Esci con lei senza batter ciglio. ☐
B. Dici tutto alla tua partner. ☐
C. Eviti di dirlo all'attuale partner. ☐

4. Quando litighi con la tua partner di solito...

A. Le porti rancore finché non ti dà ragione. ☐
B. Dopo un bacio ti dimentichi tutto. ☐
C. Ostenti indifferenza. ☐

5. Per amore suo potresti rinunciare a:

A. Una vacanza con i tuoi amici. ☐
B. Un lavoro che per te è molto importante. ☐
C. Una bellissima ragazza che si è accorta proprio di te. ☐

6. Sono passati due anni da adesso, stai ancora con la tua partner?

A. Sì, certo. ☐
B. No, non credi. ☐
C. E chi lo sa? ☐

7. Puoi finalmente buttare giù qualcuno dalla torre. Scegli:
A. Il tuo capo. ☐
B. Lei. ☐
C. L'ex di lei. ☐

8. La tua partner ti irrita profondamente:
A. Quando spettegola con le amiche. ☐
B. Quando si scorda di stirarti le camicie. ☐
C. Quando rivolge un sorriso radioso a un altro uomo. ☐

9. Hai la possibilità di partire per Djerba gratuitamente, ma puoi andarci esclusivamente da solo. Che cosa scegli:
A. Dopo averci riflettuto un po' accetti. ☐
B. Accetti senza esitazioni. ☐
C. Rinunci per stare con lei. ☐

10. Potendo tornare indietro, la "prima volta" l'avresti voluta avere con:
A. La tua lei attuale. ☐
B. È stato bellissimo così. ☐
C. Non c'è ancora stata. ☐

11. C'è da scegliere il film e lei desidera vederne uno strappalacrime:
A. Il film lo sceglie sempre lei. ☐
B. Qual è il problema? ☐
C. Dovete discuterne! ☐

12. «Scusa caro, potresti portare giù il sacchetto dell'immondizia?».
A. Quando esci ci pensi effettivamente tu. ☐
B. Ma sempre a te tocca? ☐
C. Beh, sì, ma ti sei appena cambiato... ☐

13. Ti sei scordato dell'anniversario perché è stata una giornata dura.
A. Le compri subito un mazzo di rose. ☐
B. Tanto festeggerete nel fine settimana. ☐
C. Adesso devi trovare un motivo plausibile. ☐

14. Con un movimento goffo hai rovesciato il suo profumo preferito:
A. Sabato glielo andrai a ricomprare. ☐

B. Sei desolato, che cosa potresti fare? ☐
C. Poco male, ormai se n'era stufata. ☐

15. *Lei è stata promossa a capoufficio...*
A. Adesso sarà più realizzata. ☐
B. Bene, ma farà tardi la sera. ☐
C. Va beh, penserai tu al bambino... ☐

E adesso prendi nota della risposta "giusta" attribuita a ogni domanda:

1. B.
2. A.
3. B.
4. B.
5. C.
6. A.
7. C.
8. C.
9. C.
10. A.
11. B.
12. A.
13. A.
14. A.
15. C.

Per la valutazione del tuo tasso di innamoramento conta un punto per ogni risposta "giusta" e calcola il punteggio da 1 a 15. Ecco, quello è il tuo "tasso di innamoramento" attuale:

Da 0 a 5 punti
Non sarà così evidente, ma qualcosa tra di voi non funziona: dovreste cercare di parlare di più!
Da 6 a 10 punti
O vi conoscete da poco tempo, oppure dovete riflettere sulla relazione.
Da 11 a 13 punti
Amor senza baruffa fa la muffa! Però siete una coppia simpatica.
Da 14 a 15 punti
E chi vi stacca più a voi due. Auguri e figli maschi!

Test 7

Sei una persona originale?

Un test davvero particolare e diverso, da fare con cura e fino in fondo: ti riserverà delle sorprese! Ti sei mai domandato che tipo di mente hai? Esegui attentamente l'esercizio che segue e cerca la risposta!

Segui le istruzioni e rispondi alle domande una per una il più presto possibile, ma non continuare a leggere prima di avere terminato la richiesta precedente. Non occorre scrivere le risposte. Avrai una bella sorpresa alla fine!

Quanto fa:

15+9

56+8

22+34

74+17

85+42

23+44

Ancora un piccolo sforzo...

111+8

Adesso pensa rapidamente a un **utensile** e a un **colore** e scopri nella soluzione rovesciata qui sotto se sei o no originale!

Soluzione: hai pensato a un **martello rosso**, vero? Se non è così, apparteni a quella minoranza – il 2% della popolazione – la cui mente è impostata in maniera differente e appunto per questo pensa diversamente! Il 98% della popolazione risponde „martello rosso". Stupefacente e magico!

Test 8

Quanta autostima hai?

Ecco un fantastico test, ispirato a situazioni che occorrono nello sport. Siamo sicuri di noi stessi? Siamo in grado di tenere insieme e motivare un gruppo di persone? Oppure dobbiamo rassegnarci alla necessità di frequentare un corso di autostima?

1. Gli avversari devono essere...

A. Attaccati. ☐
B. Studiati. ☐
C. Rispettati. ☐

2. Se un giocatore di calcio cade in area di rigore, che cosa pensi?

A. Sicuramente si è buttato. ☐
B. Ora l'arbitro fischia. ☐
C. Forse è davvero rigore. ☐

3. Un produttore cinematografico continua a sostituire il regista...

A. Perché non ne ha ancora trovato uno davvero in gamba. ☐
B. Perché è accecato dalla passione per il suo lavoro. ☐
C. Perché i soldi sono suoi e perciò ne ha il diritto. ☐

4. Quale squadra di pallanuoto gioca con tre portieri?

A. Il Posillipo. ☐
B. Tutte, ma solo uno dei tre va in campo. ☐
C. Nessuna. ☐

5. Lo specchio nell'ingresso di casa...

A. Riflette le immagini. ☐
B. Serve per attirare le allodole. ☐
C. Se si rompe porta sfortuna. ☐

6. Il tuo capo indossa solo cravatte gialle, perché...

A. Se si macchia di risotto alla milanese, non si nota. ☐

B. Adora Arthur Conan Doyle. ☐
C. Il giallo è il suo colore preferito. ☐

7. Per vincere una battaglia che cosa serve?

A. Molto coraggio. ☐
B. Il giusto spirito di sacrificio. ☐
C. L'avversario giusto. ☐

8. Il semaforo è sempre...

A. Verde. ☐
B. Utile. ☐
C. Rosso. ☐

9. Un allenatore deve discutere di tattica con il suo presidente?

A. Sì, perché così il presidente impara qualcosa. ☐
B. Sì, pur nel rispetto dei ruoli. ☐
C. Sì, potrebbe trovare la soluzione giusta grazie a lui. ☐

10. Studiare le lingue straniere è...

A. Facile. ☐
B. Irrinunciabile. ☐
C. Roba da giovani. ☐

11. Il tuo navigatore indica una strada apparentemente sbagliata:

A. Decidi di fare di testa tua. ☐
B. Accosti e chiedi indicazioni a un passante. ☐
C. Confidi nella tecnologia e prosegui. ☐

12. Un calcio d'angolo è...

A. Un'ottima opportunità per segnare. ☐
B. Una palla inattiva da studiare attentamente. ☐
C. Un possibile pericolo. ☐

13. Che cosa ti fa venire in mente un triangolo?

A. Il Signore. ☐
B. Un'automobile guasta. ☐
C. Il cantante Renato Zero. ☐

14. Che cosa pensi di Mike Bongiorno?

A. Dovrebbe lasciar spazio ai presentatori giovani. ☐
B. È tuttora un grande professionista. ☐
C. La sua esperienza è al servizio di tutti. ☐

15. I media si occupano troppo di gossip?

A. Sì, perché non sono capaci di occuparsi d'altro. ☐
B. È sempre sbagliato generalizzare. ☐
C. Forse, ma è quello che vuole la gente. ☐

16. Un extraterrestre ti invita a salire sull'astronave. Che cosa dici?

A. Sei fortunato, hai trovato il migliore tra gli umani. ☐
B. Forse troverà di meglio. ☐
C. No grazie, stai bene qui. ☐

17. Una collega ti fa un regalo...

A. È senza dubbio un'attestazione di profonda stima. ☐
B. Mi ha visto un po' giù e vuol essere gentile. ☐
C. Di sicuro vuole chiedermi un cambio di turno. ☐

18. Gli occhiali da sole...

A. Più di te ne ha bisogno il sole quando ti vede. ☐
B. Ti conferiscono un'aria carismatica. ☐
C. Li indossi solo se il sole ti abbaglia. ☐

19. Esiste qualcuno migliore di te sulla Terra?

A. No, assolutamente. ☐
B. Quasi tutti. ☐
C. Certamente sì. ☐

20. Perché le persone ti guardano con insistenza?

A. Evidente, perché hai fascino! ☐
B. Perché oggi sei di ottimo umore e sorridi a tutti. ☐
C. Perché hai messo i calzini di colore diverso. ☐

E ora valutiamoci!

Maggioranza di risposte A
L'autostima non ti verrà mai meno. Quando senti tuonare sospetti che Dio voglia comunicarti qualcosa. Quando giri il caffè eviti di fissare il cucchiaino perché sai che potresti piegarlo. La volontà è la tua arma migliore. I rivali subiscono il peso della tua personalità prima ancora di incrociare il tuo sguardo. L'ironia è la tua arma migliore e te ne servi per combattere le avversità e sgominare gli avversari. Neil Armstrong è arrivato prima di te sulla Luna, ma per tutto il resto hai tempo in abbondanza. Coraggio e ambizione ti mettono le ali ai piedi. Vedi il futuro con ottimismo e probabilmente avrai successo perché quelli come te la fortuna se la costruiscono da soli. Sei una persona tutta coraggio e super ego. Di sicuro investi parecchio tempo e denaro per la tua costante formazione.

Maggioranza di risposte B
Hai risposto con buon senso, ma non hai scelto la via più facile. Tanto per intenderci, se un collega viene rimproverato dal capo ne prendi le difese in modo accorato; ma attento a non esagerare, perché di questi tempi non è prudente rischiare il posto. La tue armi migliori sono la coerenza, la dignità e l'essere assennato. Il tuo modello è chi agisce con umiltà e mestiere, procedendo per la propria strada senza proclami esagerati. Ritieni che il "coraggio della normalità" renda l'uomo speciale. Continua così, con calma, sempre.

Maggioranza di risposte C
Non è il tuo momento migliore, vero? Le tue risposte rivelano che ti senti un po' depresso. Ti metti in gioco, ma non hai ben chiaro il percorso da seguire. Vorresti vincere la guerra, ma perdi anche una piccola battaglia. Il tuo stato d'animo è tale che per vincere non ti basta il buon senso e sicuramente non riesci a tirare fuori sufficiente coraggio. Resti fermo, insieme ai rimorsi, rimpianti e paure. Ti senti avvilito e indeciso e hai bisogno di una svolta. Se un extraterrestre ti invita sulla sua astronave, seguilo! Mettiti a studiare le lingue e vai in giro per il mondo affrontando le novità con lo spirito di un ragazzo! E, soprattutto, se qualcuno ti guarda non pensare di avere qualcosa fuori posto, forse ti osserva perché gli piaci!

Test 9

Il tuo partner ti è fedele? Ne sei sicuro?

Sei proprio sicuro che sia un eccesso di prudenza telefonare a casa prima di un improvviso rientro? Pensi mai all'idraulico come a un pericolo per l'unità della coppia?

1. Il tuo partner ha un profumo buonissimo...

- **A.** Sì, è il nuovo profumo che gli hai regalato a Natale. ☐
- **B.** Da un po' ha cominciato a curarsi più del solito. ☐
- **C.** Strano, non ha mai amato i profumi... ☐

2. Il tuo partner ti regala dei fiori, sono...

- **A.** Due dozzine di rose rosse. ☐
- **B.** Un mazzo di rose gialle. ☐
- **C.** Dei bianchi fiori d'aglio. ☐

3. Rientrando a casa trovi la cena pronta, fiori e candele sul tavolo.

- **A.** Quando non è troppo impegnato il tuo partner organizza questo tipo di sorprese. ☐
- **B.** È la prima volta che succede e accogli questa nuova abitudine con piacere. ☐
- **C.** Capisci subito che deve farsi perdonare qualcosa. ☐

4. È domenica e siete in giro, il telefono del tuo partner suona. Come si comporta?

- **A.** Risponde al telefono rimanendoti vicino. ☐
- **B.** Si allontana facendoti segno che non sente. ☐
- **C.** Adduce una scusa ed evita di rispondere. ☐

5. Sotto le lenzuola...

- **A.** Una passione inesauribile. ☐
- **B.** Non vi divertite più come una volta. Che cosa è cambiato? ☐
- **C.** Siete spesso alla ricerca della passione perduta. ☐

6. Rientri a casa mentre il tuo partner è al telefono...

A. Ti saluta con un sorriso, si scusa con te e prosegue la conversazione. ☐

B. Abbassa la voce e continua a parlare. ☐

C. Cambia tono e interrompe la conversazione. ☐

7. Dopo tanto lavoro finalmente una serata a casa da soli e...

A. Si scatena la passione sotto le lenzuola. ☐

B. Il tuo partner ti propone una festa con gli amici. ☐

C. Hai appena affittato un DVD da sballo. ☐

Maggioranza di risposte A

Ebbene sì, sei una persona fortunata! Il tuo partner è molto legato a te, ma attenzione a non abbassare mai la guardia e soprattutto a non dare mai per scontata la sua presenza vicino a te. In questo modo ti assicurerai che il vostro rapporto si mantenga sempre saldo.

Maggioranza di risposte B

Dice il proverbio: «Uomo avvisato mezzo salvato!». Attenzione, il tuo rapporto sta scricchiolando e la voglia di un diversivo è dietro l'angolo. Cerca di trovare il sistema per risvegliare gli appetiti e l'amore del tuo partner, altrimenti lo getterai nelle braccia del rivale!

Maggioranza di risposte C

Non si capisce se il rischio è il tuo mestiere o se, semplicemente, la passione ha lasciato il posto a una tiepida amicizia. Se la vostra convivenza continua nei termini in cui hai risposto alle domande, non stupirti se il partner ti fa trovare un biglietto con cui confessa di non amarti più. E tantomeno se trovi le valigie sul pianerottolo e una nuova serratura.

Test 10

Quanto è forte il fanciullino che è in te?

Un veloce test per valutare la tua maturità.

1. I tuoi amici ti descrivono come una persona:

A. Infantile. ☐
B. Tenera. ☐
C. Dolce. ☐
D. Matura. ☐

2. In che misura sei pronto ad assumerti le responsabilità di un adulto?

A. Proprio per niente. ☐
B. Poco. ☐
C. Abbastanza. ☐
D. Molto. ☐

3. Ti ricordi quando hai scritto l'ultima letterina a Babbo Natale?

A. Sì, certamente. ☐
B. Vagamente. ☐
C. No. ☐
D. Non ne hai mai scritte. ☐

4. Decidere quale regalo acquistare per una persona cara ti provoca:

A. Una grande gioia. ☐
B. Il piacere di far felice una persona. ☐
C. Noia. ☐
D. Indifferenza. ☐

**5. Una sorpresa inaspettata ti ha reso felice.
Come descriveresti la tua felicità?**

A. Totalizzante. ☐
B. Appagante. ☐
C. Effimera. ☐
D. Indifferente. ☐

6. Il Natale per te è...

A. Il massimo. ☐
B. Gioia. ☐
C. Indifferenza. ☐
D. Solo una scocciatura. ☐

7. Pensi agli amici della tua infanzia come ai migliori di sempre?

A. Assolutamente sì. ☐
B. Alcuni sì. ☐
C. No. ☐
D. Non li ricordi nemmeno. ☐

8. Quanto piaci ai bambini?

A. Moltissimo. ☐
B. Molto. ☐
C. Poco. ☐
D. Per nulla. ☐

Maggioranza di risposte A
Sei l'eterno bambino sia nei comportamenti sia negli atteggiamenti. Ti piace l'infanzia e ricordi con malinconia i momenti passati. Goditela finché dura, prima o poi dovrai crescere!

Maggioranza di risposte B
Ti comporti da adulto, ma il tuo lato infantile non ti lascerà mai. E anche se lo reprimi tenderà a venire sempre fuori. Va bene così.

Maggioranza di risposte C
Sei adulto, ma c'è sempre un fondo di tristezza nei tuoi pensieri. Forse è il caso di prendere posizione e dare una svolta alla personalità. Prova a frequentare persone molto più mature di te.

Maggioranza di risposte D
Sei ormai una persona adulta e responsabile, non traspare per niente la tua anima di bambino. Ti giudicano un bacchettone? Se sì, rifletti e ogni tanto lasciati andare a qualche comportamento più leggero.

In caso di parità di risposte, leggete tutti i profili corrispondenti.

Test 11

Ma quanto capisci gli uomini? ♀

Uomini e donne hanno modi di pensare spesso profondamente diversi e sovente parlano lingue troppo differenti. È per questa ragione che parole e comportamenti possono talvolta essere interpretati in maniera opposta da lui o da lei. A chi non è capitato di pronunciare queste parole rivolgendosi a qualcuno dell'altro sesso: «Mi sembra che non parliamo la stessa lingua! Proprio non ci capiamo!». C'è chi li ha definiti un enigma, chi ha rinunciato e afferma di non volerci più avere niente a che fare, e chi invece è convinta che sia ancora possibile capirli: sono loro, gli uomini! E tu, li sai comprendere?

Mettiti alla prova e scopri se sei brava a capire gli uomini! Scegli la risposta in cui ti identifichi meglio, poi controlla quale visione hai degli uomini.

1. La tua migliore amica è pronta a giurare di aver visto il tuo lui al ristorante durante una cena a lume di candela con un'altra. Pensi:

A. Si è sicuramente sbagliata! In quel posto ci sono luci così basse che lo avrà confuso con qualcun altro. ☐

B. Farabutto, appena lo vedi lo sistemerai! ☐

2. Un'ora prima di portarti fuori per una cena, già fissata da molto tempo, lui ti chiama dicendo che c'è stato un imprevisto, che non può assolutamente venire e che bisognerà rimandare. Tu pensi:

A. Speri che non sia grave e ne approfitti per leggere un po'. ☐

B. Non ci credi. Senz'altro avrà di meglio da fare! ☐

3. Hai ricevuto inaspettatamente un mazzo di fiori da lui. Che cosa fai?

A. Gli telefoni subito e lo ringrazi per il gesto romantico. Le sorprese ti fanno impazzire di gioia. ☐

B. Aspetti che ti chiami lui. Dovrà certamente farsi perdonare, altrimenti non ti farebbe un regalo. ☐

4. Al tuo lui non piace nessun'altra ragazza, nemmeno le classiche bellezze da televisione, e dice che la più bella sei sempre tu. Pensi:

A. È davvero dolcissimo Non sarai proprio la ragazza più bella del mondo, ma sei felice che lui lo pensi. ☐

B. Non gli credi neanche se fa il test della macchina della verità! Vedi bene gli sguardi che lancia alle altre! ☐

5. Un bel ragazzo ti ronza intorno come un calabrone e ti provoca con punzecchiature e battutine sfacciate. Pensi:

A. È proprio antipatico! ☐

B. È sicuramente pazzo di te. ☐

6. Quando ha un problema il tuo lui si chiude in se stesso...

A. Per un maschio è normale. Quando vorrà, tornerà a parlarti. ☐

B. Gli uomini ogni tanto sono strani. ☐
Lo sopporti con fiducia e pazienza. ☐

Maggioranza di risposte A

Sei affetta da un inguaribile romanticismo: non solo ti fidi degli uomini, ma sei anche convinta che siano sempre sinceri. Riponi molta fiducia nel tuo lui e non ti sfiora nemmeno l'idea che possa fare qualcosa che ti dia dispiacere. Ti comporti come una ragazza innamorata, ma attenzione: alcuni uomini possono nascondere brutte sorprese!

Maggioranza di risposte B

Sei una persona difficile da convincere! Non ti fidi granché dell'altro sesso e hai sufficiente senso critico quanto basta per non cadere nei tranelli. Non ti fai lusingare facilmente dai complimenti e non ti lasci abbindolare da scuse banali. Sei sicuramente molto attenta, ma fin troppo sospettosa: ricordati che un uomo innamorato è capace di sorprendenti gesti d'amore. Qualche volta lasciati andare, abbassa le tue difese e prova a dargli più fiducia!

Equivalenza di risposte A e B

Di certo sai fare bene i tuoi conti. Sei infatti una persona equilibrata che capisce gli uomini e che possiede un carattere energico.

Test 12

Il test della teenager: quanto ti ama lui? ♀

Quando si è insieme da un po' di tempo e non si ha il coraggio di chiedersi: «Siamo davvero fatti l'uno per l'altra?» è il momento giusto per un test di verifica. Sì, è arrivato il momento di fare un bilancio del rapporto: come capire se lui si sta davvero innamorando, se è un po' confuso o se per lui sei solo un passatempo? Questo test ti chiarirà le idee.

1. È il tuo compleanno, lui ti regala:

A. Una camicia uguale a quella che hai rovinato. ☐
B. L'ultimo CD del suo gruppo preferito, i Coldplay. ☐
C. Una cena a lume di candela. ☐

2. Dovevi uscire con lui, ma la tua amica in lacrime è stata appena lasciata e ti chiede compagnia. Lui...

A. Se la prende: dovrebbe venire sempre al primo posto. ☐
B. Non gli importa, è contento di uscire con i suoi amici. ☐
C. Comprende il problema e ti propone un'uscita a quattro con la tua amica e un suo amico. ☐

3. Come si comporta con te a scuola?

A. Ti strizza l'occhio ogni volta che vi incontrate. ☐
B. Non ama farsi vedere in giro con te. ☐
C. Ti offre una Coca Cola e ti domanda com'è andata con la professoressa di matematica. ☐

4. Stai chattando, e lui...

A. Ti risponde solo dopo un po'. ☐
B. Resta collegato per poco, poi ti dice che deve scappare. ☐
C. Ti dice un sacco di cose carine. ☐

5. Incontrate un tuo vecchio amico e il tuo ragazzo...

A. Ti guarda e non si intromette nella conversazione. ☐

B. Guarda il tuo amico con sufficienza. ☐
C. Si affretta a presentarsi come il tuo ragazzo. ☐

6. Quando uscite a fare shopping, lui...
A. Ti aspetta con aria impaziente sperando che finisca presto. ☐
B. Tu e lui in un negozio insieme? Non è mai successo. ☐
C. Studia tutto ciò che ti piace. ☐

7. Dopo una bella serata lui ti manda un SMS:
A. «Eri proprio carina stasera!». ☐
B. «Domani sera decido io che cosa fare». ☐
C. «Mi manchi già un sacco». ☐

Maggioranza di risposte A
Sembra che lui non sia molto sicuro di quello che prova per te: è vero, insieme state bene, ma sembra mancare quel "certo non so che". Probabilmente è ancora presto per valutare davvero bene se continuare la storia, ma se la situazione non dovesse cambiare considera la possibilità di parlargli e domandare la vera natura dei suoi sentimenti. Forse ha solo paura di soffrire, ma se così non fosse non perdere tempo: troverai senz'altro qualcuno a cui far battere per davvero il cuore!

Maggioranza di risposte B
Valuta l'opportunità di lasciare il tuo ragazzo prima che sia troppo tardi e che tu possa soffrire sul serio! Se non ricorda i tuoi gusti, non vuole condividere con te gioie e dolori e non è nemmeno capace di offrirti una cena in un'occasione speciale, non dimostra certo di tenere a te. Forse lui ha un carattere un po' chiuso e non è capace di mostrare quello che prova, ma se invece avessero ragione le tue amiche? Forse meriti davvero di meglio!

Maggioranza di risposte C
Bisogna ammettere che hai scelto bene oppure che sei stata davvero fortunata: hai un ragazzo dolcissimo, che partecipa alla tua vita e si interessa di tutto ciò che ti riguarda. Ti conosce così bene che ti sembra di conoscerlo da sempre: che sia lui la tua mezza mela? Lo scoprirai solo vivendo questa storia al massimo, ma di certo sai che non ti sta prendendo in giro. Attenta alle amiche invidiose.

Test 13

Di che colore è la tua socialità? ♀

Utilizza il canale visivo per rispondere alle domande qui di seguito e valuta il tuo grado di socialità. Scrivi le risposte su un foglio a parte.

1. Qual è la prima cosa che guardi in un ragazzo che ti piace?

A. Il fondoschiena. ☐
B. Gli occhi. ☐
C. Il fisico e il portamento. ☐

2. Pensi che sia giusto tradire un'amica per un tipo che ti piace?

A. Se è quello giusto, sì. ☐
B. Proprio no. ☐
C. Faresti tutto di nascosto. ☐

3. Prima di comprare un abito, che cosa pensi?

A. Deve essere comodo. ☐
B. Deve starti bene. ☐
C. Tutti devono guardarti. ☐

4. Conosci un ragazzo su Internet, che cosa fai?

A. Vuoi conoscerlo anche dal vivo. ☐
B. Quel tipo di amicizia rimane limitata su Internet. ☐
C. Lo senti al telefono o cerchi di vederlo con la web-cam. ☐

Maggioranza di risposte A
Il colore del tuo carattere è il **rosso**. Sei una tipa forte, con le idee ben chiare e sai quello che vuoi. Ti piace tanto l'eccesso e la trasgressione.
Maggioranza di risposte B
Il colore del tuo carattere è il **verde**. Sei una ragazza semplice, delicata e spontanea. Non cerchi l'eccesso. Una vera persona "acqua e sapone".
Maggioranza di risposte C
Il colore del tuo carattere è il **giallo**. Sei una via di mezzo tra semplicità ed eccesso. Spiritosa al livello giusto, sai goderti la vita con allegria.

Test 14

Sei finalmente adulta? ♀

Stufa che i tuoi genitori ti considerino una bambina? Fai questo test per verificare se finalmente la smetteranno!

1. In casa si respira un'atmosfera pesante. Che cosa pensi?

A. Parli con i tuoi genitori per risolvere la situazione. ☐
B. Appena sarai maggiorenne, te ne andrai di casa. ☐

2. I tuoi controllano le tue numerosissime telefonate e la posta elettronica...

A. Contribuisci alle spese, forse si tranquillizzeranno. ☐
B. È evidente che non si fidano di te! ☐

3. I genitori non ti permettono di vedere il tuo ragazzo...

A. Cerchi di farglielo incontrare. Potrebbero cambiare idea! ☐
B. Scappi di casa. ☐

4. Tua madre sostiene che ti vesti male e usi troppo trucco. Come rispondi?

A. Che sei capace di pensare con la tua testa. ☐
B. Che tutte le tue amiche lo fanno. ☐

5. È sabato sera e tuo padre ti vieta di uscire. Come reagisci?

A. Ti rassegni al divieto e organizzi una serata alternativa. ☐
B. Te ne freghi ed esci lo stesso! ☐

Maggioranza di risposte A
Con il tuo modo di agire pacato e razionale conquisti la fiducia dei genitori e dimostri di aver superato la "fase della ribellione". Continua così, ma senza esagerare: le figlie troppo mature sono noiose!

Maggioranza di risposte B
Lamentarsi è inutile: è con la condotta che si dimostra la propria maturità. Se ti ribelli e non rispetti i patti, pensi che i tuoi saranno più inclini a farti uscire, specialmente la sera e con gente che non conoscono? Rivedi un poco il tuo schema di vita e ricorda che tutti dobbiamo crescere.

Test 15

Ma quanto sei gelosa? ♀

Hai mai provato gelosia nei confronti della tua migliore amica? Rispondi alle domande e scopri se sei un'amica gelosa.

1. Sai da terze persone che la tua amica avrà un colloquio di lavoro. Che cosa pensi?

A. Di sicuro non ha avuto tempo di dirtelo. ☐
B. Ti domandi se ce la farà. ☐
C. Non ti piace essere ignorata. ☐

2. Un vero amico accetta i tuoi amici come se fossero i suoi. A volte va bene, in altri casi possono sorgere delle difficoltà. Tu come te la cavi con questi rapporti?

A. Hai riunito tutti in un'unica compagnia. ☐
B. Ognuna di voi frequenta gli amici di sempre: ciascuna per conto suo. ☐
C. Cerchi di limitare le uscite con altre persone, sia del suo gruppo sia del tuo. ☐

3. Lei si è iscritta a un corso di salsa...

A. Chissà quanto costa? Quasi quasi ci vai anche tu, sicuramente ti divertirai. ☐
B. Ti chiedi che cosa trovi di tanto interessante nella salsa. ☐
C. Potrebbe così migliorare il suo portamento. ☐

4. Mentre siete a scuola una vostra compagna – che a te sta un po' antipatica – la ferma e comincia a parlarle. Che cosa fai?

A. Niente: dovrà dirle qualcosa di importante! ☐
B. Resti lì ad ascoltarle con l'aria scocciata e lanci occhiatacce a entrambe. ☐
C. Ti infastidisci e la trascini via. ☐

5. Siete fuori a cena e la tua amica ha lasciato incustodito il cellulare. Ti accorgi che le è arrivato un SMS: che cosa fai?

A. Quando torna la avvisi. ☐
B. Lo lasci suonare, la avvisi e le chiedi chi è a scriverle. ☐
C. Lo leggi, è ovvio! ☐

6. Non è possibile avere sempre gli stessi interessi. Che cosa provi quando la tua amica del cuore non esce con te, ma si concede un pomeriggio dedicato al suo hobby preferito e non ti coinvolge?

A. Sei felice per lei se sai che si divertirà. ☐
B. Le chiedi di poter assistere. ☐
C. Preferiresti che rinunciasse. ☐

7. Come ti comporti se la tua amica parla spesso di una persona che non ti è mai stata presentata?

A. Non è un problema: sai di essere insostituibile. ☐
B. Cerchi di capire che cosa trovi d'interessante in lei. ☐
C. La cosa ti dà molto fastidio. ☐

Ebbene, ecco la valutazione del tuo tasso di gelosia.

Maggioranza di risposte A

La gelosia è un sentimento che non ti appartiene. Un'amica come te, attenta e fedele, sempre disponibile a comprendere gli altri, è davvero insostituibile. Attenta però che questo atteggiamento non nasconda sotto sotto la paura di essere trascurata per altre amicizie.

Maggioranza di risposte B

Sì, è vero, capita che a volte tu senta un pochino di gelosia per lei, ma in ogni caso sei rispettosa degli spazi reciproci. Anche se vorresti sempre sapere dov'è e che cosa fa, accetti con serenità che lei frequenti altre persone e abbia interessi diversi dai tuoi.

Maggioranza di risposte C

Pensi che le tue amiche dovrebbero frequentare solo te, sempre te, dirti ogni cosa e adorarti molto di più di ogni altra persona! Se continui con questa smania di controllare e limitare le tue compagne rischi di perderle!

Test 16

Quanto sei fortunato?

I fortunati sono coloro che attirano verso di sé ogni cosa che desiderano con una estrema facilità e spontaneità. Non è detto che abbiano doti particolari, eppure possiedono quel tocco magico che rende loro tutto semplice. Sembra che i favoriti della "dea bendata" sappiano mettere in atto inconsapevolmente comportamenti che li predispongono alla buona sorte.

E tu sei capace di attirare a te la fortuna? Per scoprirlo indica per ogni domanda o affermazione quanto sei d'accordo.

1. «Il futuro mi porterà in dono tutto ciò che desidero». *Pensi sia vero?*

A. No. ☐
B. In parte. ☐
C. Così così. ☐
D. Sì, molto. ☐
E. Sei completamente d'accordo. ☐

2. «Di solito riesco ad apprezzare l'aspetto positivo degli eventi». *Pensi sia vero?*

A. No. ☐
B. In parte. ☐
C. Così così. ☐
D. Sì, molto. ☐
E. Sei completamente d'accordo. ☐

3. «In generale cerco di ottenere quello che desidero dalla vita anche se le probabilità di successo sembrano poche». *Ti capita mai?*

A. No. ☐
B. In parte. ☐
C. Talvolta. ☐
D. Sì, molto. ☐
E. Sei completamente d'accordo. ☐

4. «Seguo sempre intuizioni e presentimenti». Ti riconosci in questa affermazione?

A. No. ☐
B. In parte. ☐
C. Così così. ☐
D. Sì, molto. ☐
E. Sei completamente d'accordo. ☐

5. «Sono aperto alle nuove esperienze: per esempio fare un viaggio in Paesi lontani e culturalmente differenti». Pensi sia vero?

A. No. ☐
B. In parte. ☐
C. Così così. ☐
D. Sì, molto. ☐
E. Sei completamente d'accordo. ☐

6. «A volte mi capita di chiacchierare con degli estranei mentre sono in qualche sala d'aspetto in attesa del mio turno». È vero?

A. No. ☐
B. In parte. ☐
C. Così così. ☐
D. Sì, molto. ☐
E. Sei completamente d'accordo. ☐

7. «La maggior parte delle persone che conosco sono gentili e sempre disponibili». È vero?

A. No. ☐
B. In parte. ☐
C. Così così. ☐
D. Sì, molto. ☐
E. Sei completamente d'accordo. ☐

8. «Non mi faccio prendere dall'ansia e non mi preoccupo troppo di fronte a dei problemi». Ti capita mai?

A. No. ☐
B. In parte. ☐
C. Così così. ☐
D. Sì, molto. ☐
E. Sei completamente d'accordo. ☐

9. «Imparo sempre dagli errori che ho commesso!». pensi sia vera questa affermazione?

- A. No. ☐
- B. In parte. ☐
- C. Così così. ☐
- D. Sì, molto. ☐
- E. Sei completamente d'accordo. ☐

10. «Credo che in ogni accadimento negativo ci sia sempre, prima o poi, qualcosa di positivo». Pensi sia vero?

- A. No. ☐
- B. In parte. ☐
- C. Così così. ☐
- D. Sì, molto. ☐
- E. Sei completamente d'accordo. ☐

11. «Non ho l'abitudine di tornare con la mente agli episodi sfortunati del passato». Hai questa tendenza?

- A. No. ☐
- B. In parte. ☐
- C. Così così. ☐
- D. Sì, molto. ☐
- E. Sei completamente d'accordo. ☐

Hai risposto a tutte le domande? Valutiamo ora se sei davvero fortunato e se la dea bendata ti sorride!

Maggioranza di risposte A

Mi dispiace, ma tu e la fortuna non camminate proprio a braccetto! Che siano piccole sfortune della vita quotidiana o disgrazie più serie, sembra che la fortuna non si voglia proprio rivolgere a te. È il fato che ti si accanisce contro? Non ci credere, probabilmente sei tu che non fai nulla per attirare i favori della buona sorte. Cambia atteggiamento e comincia a essere più estroverso, a socializzare di più con gli altri: le occasioni positive della vita non sono frutto del caso, ma delle conoscenze e degli incontri che nascono proprio relazionandosi con chi ci sta attorno. E poi impara a essere più sicuro di te stesso e a fidarti delle tue intuizioni: una visione ottimistica del mondo ti aiuterà a vivere più serenamente, a raggiungere gli obiettivi che ti sei prefisso e a trovare il lato positivo che si nasconde in ogni piccola o grande sfortuna.

Maggioranza di risposte B, C o D

Le caratteristiche giuste perché la fortuna si volti dalla tua parte ci sono, ma sono ancora troppo celate! Innanzitutto impara a vedere le cose nel modo giusto e a non farti condizionare dagli insuccessi. Il segreto dei fortunati è quello di non abbattersi mai, ma di scovare anche nei fallimenti il lato positivo. Coltiva le amicizie e impara a socializzare con gli estranei perché è anche dagli incontri casuali che nascono le opportunità e le occasioni giuste. E quando ti trovi davanti a una situazione difficile, cerca di sdrammatizzare e prendere tutto con distacco: davanti ai problemi che ci creano disagio è utile svuotare la mente e lasciarsi guidare dall'istinto.

Maggioranza di risposte E

La fortuna è dalla tua parte: sei ottimista e tutto quello che desideri ti accade per magia, e a volte susciti anche con un po' di invidia. Ma è anche merito tuo che sai come farti amica la dea bendata. Socievole e aperto ai nuovi incontri e alle nuove esperienze, lasci sempre la porta aperta alle novità. Non perdi occasione per notare le opportunità giuste, quelle che moltiplicano in modo esponenziale le possibilità di trovare un lavoro appagante, di imbatterti in ciò che cerchi senza troppo sforzo o di conoscere l'uomo o la donna della tua vita. Sei un inguaribile ottimista, un istintivo con la tendenza a fidarti sia di te stesso sia degli altri, sicuro che le cose andranno sempre per il verso giusto. Questo è un ottimo inizio per trasformare ogni tua intuizione in realtà da vivere appieno!

Test 17

Puoi diventare la nuova Giusy Ferreri? ♀

In fondo al cuore sogni di svegliarti un mattino e poter partecipare al festival dei fiori? Non ti perdi una sola puntata di *Amici* o di *X Factor*?

Questo è il test per capire se hai le carte in regola per diventare una rockstar!

1. L'appuntamento per la selezione delle voci nuove è alle 17 in centro. Anche l'azienda di moda ti ha convocato per il *casting* delle giovani *mannequin*. Che cosa fai?

A. Ne puoi avere altri cento di contatti con quelli della moda. ☐
B. Non è che se ti affretti riesci a combinare con tutti e due? ☐
C. Per le sfilate ti pagano! ☐

2. Per la festa di fine anno scolastico sarà presente il ragazzo biondo che ti piace tanto, come ti vesti?

A. Maglietta con gli strass e Dsquared. ☐
B. Metti il tuo ultimo vestito di paillette dorate: non potrai passare inosservata! ☐
C. *Leggings* e stivali *camperos.* ☐

3. Hai vinto un pass per il backstage dei Tokio Hotel?

A. Ti fai accompagnare dalla tua amica Lucia. ☐
B. Parrucchiere e maschera di bellezza! ☐
C. Guardi che cosa fanno di speciale, per imparare. ☐

4. Quando prendi un brutto voto...

A. Chi la sente tua madre. Devi rimediare subito! ☐
B. Però non potevi mancare alle prove, e quindi non c'era la possibilità di prepararsi. ☐
C. La media è sempre alta. Si è sicuramente trattato solo di una giornata storta! ☐

5. Sono in vendita i biglietti per il concerto degli U2...

A. Wow, ce la fai con i soldi? ☐

B. Ti fai dare un anticipo da tuo padre. ☐

C. Lavori tre sabati di fila e recuperi il necessario. ☐

6. Devi scegliere tra la minicrociera in offerta e il concerto di Elio. Che cosa fai?

A. Hai bisogno di sole e quindi vai a Tunisi. ☐

B. Mai perdere un'esibizione di Elio e le Storie Tese. ☐

C. Per caso non viene anche Elio in crociera? ☐

Maggioranza di risposte A

«Tu sei bella come sei, non dimenticarlo mai» dice un vecchio motivo. Stai bene così nel tipo di vita appagante che ti sei costruita. Ovvio che ammiri le rockstar ma il tuo mondo semplice e pulito non ti procura ansie e ti permette di ottenere una solida stabilità psichica.

Maggioranza di risposte B

Il mondo frizzante e misterioso dello spettacolo ti attrae in modo speciale.Sei tagliata per fare la star. Sai tenere la scena e hai nervi saldi anche sotto i riflettori. Non dare però eccessiva importanza all'apparire. Il *sex appeal* passa per anche l'intelligenza e la cultura: non trascurarle!

Maggioranza di risposte C

Saresti una perfetta Giusy Ferreri: in equilibrio tra la vita normale al liceo e gli stage più *fashion* del momento. Ti piace pensare di poter gestire la tua vita in bilico su un'altalena. E quando non ce la fai... beh, in fondo sei umana, come tutte le tue amiche, no?

In caso di parità di risposte, leggete tutti i profili corrispondenti.

Test 18

Ami un licantropo o un vampiro? ♀

Chi non conosce la differenza tra un licantropo e un vampiro? A parte le differenze corporee, tutti e due abitano tra noi, e chi può essere sicura del vicino di pianerottolo? Magari il ragazzo con cui avete cominciato a uscire potrebbe far parte di questa altra e misteriosa dimensione. Come fare per sincerarsene? Beh, si potrebbe chiederglielo a bruciapelo, ma potrebbe glissare la domanda per validi motivi. Ma il tuo nuovo ragazzo di cui sai poco o niente di che razza è? Che cosa preferiresti, un licantropo o un vampiro?

Scopri da chi sei più attratta: somma il punteggio assegnato a ogni tua risposta e guarda il risultato. Prima che sorga il sole!

1. Il suo peggior difetto...
A. Non si vuole mai abbronzare! ☐
B. Hai i peli anche sulla schiena. ☐

2. Il personaggio cinematografico che preferisci...
A. Studiato come l'agente 007. ☐
B. Con la dolce ruvidità di Antonio Banderas. ☐

3. In ufficio, quando ti rimproverano...
A. Preferisci evitare le discussioni. ☐
B. La vendetta è un piatto da consumare freddo. ☐

4. Quando cade la neve...
A. Lui ripete: questo è il clima che fa per me. ☐
B. Tira fuori subito le coperte. ☐

5. Che cosa lo rispecchia meglio?
A. «Quando il gioco si fa duro, i duri...». ☐
B. Il primo capitolo della Dichiarazione d'Indipendenza. ☐

6. Bosco o museo?

A. Meglio una passeggiata nel bosco. ☐

B. I musei li trovi così misteriosi... ☐

7. Quando riescono a far breccia nel tuo cuore?

A. Assiduo lavoro ai fianchi. ☐

B. Con la tecnica del mordi e fuggi. ☐

8. Meglio il tipo...

A. Bello e impossibile. ☐

B. Sicuro e forte come Rambo. ☐

9. Una tua prova d'amore...

A. Un volo con lui in deltaplano. E tu soffri di vertigini. ☐

B. Scendere nelle catacombe ancora inesplorate di Napoli. ☐

10. La sua prova d'amore...

A. Mangiare tutta la crostata offerta da tua mamma. ☐

B. Tenerti per mano quando hai male alla pancia. ☐

11. Preferisci una due posti secchi tipo Boxster o una Cayenne?

A. Ovvio che preferisci la Cayenne! ☐

B. Si sta bene con il vento in faccia! ☐

12. Allo stadio ti senti sicura oppure temi la folla?

A. Nessuna paura, sai difenderti bene. ☐

B. L'importante è che non lancino fumogeni. ☐

13. Preferisci visitare Carcassonne o Berlino?

A. Diavolo, Carcassonne, è ovvio. ☐

B. Berlino, parli anche il tedesco. ☐

14. Un abito lungo o i pantaloni?

A. Lungo, elegante e opera di un buon atelier. ☐

B. Pantaloni a vita alta. ☐

15. *Ti piacerebbe vivere all'equatore?*
A. Troppo caldo. ☐
B. Perché no? Ti attira l'Africa. ☐

16. *Sei attratta dai primi piatti o preferisci i secondi robusti?*
A. In Italia siamo maestri nel cucinare la pasta. ☐
B. Ami la carne e il pesce. ☐

17. *Quando usi gli occhiali da sole?*
A. Tutto l'anno, sono molto fashion! ☐
B. Al mare o sulla neve, oppure quando guidi. ☐

18. *Pensi esistano veramente i fantasmi nei castelli?*
A. Qualcosa di vero c'è di sicuro. ☐
B. Di solito è il vento che fa degli inquietanti rumori. ☐

19. *Quali sono i tuoi fiori preferiti?*
A. Le rose rosse a gambo lungo. ☐
B. Un bel mazzo di profumati narcisi. ☐

20. *Una donna si conquista con la galanteria o con la fermezza?*
A. Meglio un uomo solido che sa il fatto suo. ☐
B. Ah, la meravigliosa educazione! ☐

Calcola il punteggio e leggi il risultato: 1. A=3, B=1; 2. A=3, B=2; 3. A=1, B=4; 4. A=3, B=1; 5. A=2, B=1; 6. A=1, B=2; 7. A=1, B=3; 8. A=4, B=2; 9. A=3, B=0; 10. A=2, B=0; 11. A=2, B=0; 12. A=2, B=1; 13. A=2, B=0; 14. A=2, B=1; 15. A=2, B=0; 16. A=3, B=1; 17. A=2, B=0; 18. A=2, B=1; 19. A=3, B=1; 20. A=1, B=3.

Da 10 a 25 punti: ami di certo un licantropo.
Il tuo ragazzo perfetto è solare, genuino, tutto aria e natura. Un poco ruvido, sa recuperare sempre in tempo per evitare i contrasti duri. È il classico tipo che rassicura le mamme, anche se spesso è imprevedibile e impulsivo, una vera forza temibile della natura. Facile agli eccessi, possiede le doti di simpatia tipiche dei cucciolotti

di lupo, arruffati e apparentemente indifesi. Ma non dimenticare che è sempre un temibile lupo.

Da 20 a 35 punti: forse staresti bene con un vampiro.
Il tuo stile di vita te lo impone: sei attratta da un raffinato intenditore del bello. Anche se démodé. Le tue storie d'amore complicate e spesso impossibili richiedono freddezza e mistero. Ma tu hai anche bisogno di certezze sentimentali più che di sicurezza materiale: si dice che un vampiro ami per l'eternità e quindi c'è un vampiro nei tuoi sogni. Ma hai mai pensato a un calciatore?

Da 36 punti in su: preferisci decisamente un ragazzo vampiro.
L'uomo per te è, a colpo sicuro, decisamente un vampiro. Un tipo dotato di galanteria fuori dal tempo. Apparentemente è glaciale, ma è proprio per questo motivo che ti affascina così tanto. Attenta dunque agli abiti scollati!

Test 19

Scopri il tuo livello di stress!

Caffè e cornetto in fretta e furia, poi un bel salto nel traffico per un perenne ritardo. Stress. Corsa contro l'orologio, coda al supermercato, colleghi e familiari poco sensibili che pretendono da te tutto e subito. Stress. Stai complicandoti la vita, dimenticando quel che conta davvero. Stress. Hai anche tu la testa piena di troppe cose inutili. Stress, sempre stress! Ti riconosci in queste situazioni?

Comincia il test, con calma, e scopri qual è il tuo livello di disagio.

1. Invito a pranzo dai suoceri impossibile da evitare:

A. Che bello ritrovarsi in famiglia! ☐
B. Non dovevamo andare al mare? ☐
C. Sempre quando c'è l'anticipo del Milan! ☐

2. Come va il tuo bioritmo?

A. Segue le stagioni. ☐
B. Meglio che vada dal pranoterapeuta. ☐
C. Chi si degna di spiegarti che cos'è questo bioritmo? ☐

3. Sotto pressione che cosa fai?

A. Un giro in bicicletta. ☐
B. Telefoni al capo. ☐
C. Ti mangi le pellicine delle unghie. ☐

4. Che cosa sono le cure termali...

A. Una buona occasione per depurarsi. ☐
B. Una vacanza come le altre. ☐
C. Un modo per farsi fare un certificato di malattia. ☐

5. Se pensi alla scuola media...

A. I tempi felici della gioventù... ☐
B. Non hai mai potuto soffrire l'aritmetica. ☐
C. Professori ipocriti e vendicativi. ☐

6. È sera e bisogna portare giù il cane...

A. Si fa una sera per uno. ☐
B. Stasera proprio non ce la fai. ☐
C. Sei tu che hai voluto il cane... ☐

7. L'auto è dal meccanico per la revisione obbligatoria...

A. In quell'officina lavorano bene. ☐
B. Quanto costa questa revisione? ☐
C. È una tassa con un nome diverso. ☐

8. Il professore ha convocato un genitore...

A. Puoi andare tu per favore? ☐
B. Quello lì non sopporta tuo figlio! ☐
C. Che venga lui a casa! ☐

9. Si parte per le vacanze...

A. Vuoi affittare un camper. ☐
B. Con tua mamma quest'anno proprio no! ☐
C. Ormai sono diventate "rotture di scatole"! ☐

10. In auto al lavoro...

A. Non è ancora attiva la linea del bus. ☐
B. Se potessi fare a meno dell'auto... ☐
C. Anche oggi 50 minuti di coda. ☐

11. Il bambino del vicino strilla...

A. Per te ha fame! ☐
B. E no! Di notte, no! ☐
C. I figli se li devono sopportare i genitori! Non i vicini. ☐

12. Vuoi smettere di fumare...

A. Chissà come ha fatto Giovanni? ☐
B. Questa estate in vacanza è la volta buona. ☐
C. Adesso non è proprio il momento. ☐

13. Ti piace la Playstation?

A. Sì, fa anche vedere le tue foto. ☐
B. Moltissimo, non è che ci passi troppo tempo? ☐
C. Non riesci ad arrivare al livello quattro di nessun gioco! ☐

14. Quando guardi la partita...

A. Se va così, oggi vincono. ☐
B. Ma che razza di formazione ha fatto? ☐
C. A lavorare! Devono andare a lavorare! ☐

15. Hanno rotto lo specchietto dell'auto al parcheggio...

A. Meno male che hai la Kasko. ☐
B. Quale auto? Quella da rottamare? ☐
C. Proprio questo mese che c'è il mutuo da pagare! ☐

16. Hai un peluche in macchina?

A. E che te ne fai? Sei grande ormai... ☐
B. Ecco, sì veramente ne hai uno ma nascosto. ☐
C. Ne hai tre, di quando eri piccolo, sempre con te. ☐

17. L'orologio a cucù batte le 11...

A. Dove l'hai comperato? In Tirolo? ☐
B. Devi ricordarti di spegnerlo. ☐
C. Ora gli tiri una scarpa! ☐

18. Hai paura di essere licenziato?

A. Dipende dalla buonuscita... ☐
B. Meno male che non lavori all'Alitalia. ☐
C. Con il mutuo da pagare e i bambini piccoli... ☐

19. Per essere stressato, devi essere:

A. Interista. ☐
B. Milanista. ☐
C. Juventino. ☐

20. Se ti sorpassano con la doppia striscia:

A. Non importa, tu vai per la tua strada. ☐
B. Speri che la polizia li fermi. ☐
C. Abbassi il finestrino e fai le corna. ☐

Maggioranza di risposte di A

Complimenti! Sei davvero poco stressato e per carattere non ti scomponi più di tanto. Sai bene come proteggerti dall'ansia e dalla competitività dei nostri tempi. Sei ponderato, controllato e avveduto, la tua esperienza di vita ti fa affrontare le contrarietà e le preoccupazioni che agli altri sembrano insormontabili con la massima calma. Il tuo autocontrollo ti contraddistingue in ogni situazione e se anche risenti di un po' di stress, indossi una maschera che nulla fa trapelare. Sei felice della tua vita e sai trasformare i motivi di preoccupazione in stimoli per nuove attività fisiche e intellettuali, facendone una strategia per compensare l'ansia. Sei la classica persona che tutti cercano per sfogarsi e avere conforto. Attento però che il tuo autocontrollo non dia origine a qualche disturbo psicosomatico e ti faccia apparire talvolta troppo freddo, magari agli occhi di chi ti ama.

Maggioranza di risposte B

Soffri limitatamente di stress: sai reagire nel modo migliore alle contrarietà della vita quotidiana, ma talvolta ti lasci abbattere e innervosire. Sai comunque dominarti e fare buon viso alle inevitabili situazioni di stress che puoi incontrare. Ti emozioni facilmente, talvolta ti senti oppresso dall'ansia e dall'insoddisfazione, ma non ti lasci abbattere e reagisci immediatamente, razionalizzando: sai essere molto costruttivo e uno dei tuoi pregi è quello di ribaltare una situazione stressante facendola diventare uno stimolo ad agire. Riesci a sfogarti con il movimento e sani passatempi: il fatto di non trattenere lo stress ti mette al riparo da eventuali malattie psicosomatiche. E sai bene che anche il tempo è un buon medico! Se imparerai a dedicare il giusto tempo a tutte le tue attività siano esse impegnative o piacevoli, dal lavoro, all'amore, all'amicizia allo svago, riuscirai a porti definitivamente al riparo dallo stress emotivo, quello più cattivo e insinuante mentre trarrai sicuro giovamento da quel minimo di stress fisico che ti stimola a dare il meglio di te.

Maggioranza di risposte C

Ami la vita tranquilla, ordinata e ben stabilita in anticipo. Qualsiasi avvenimento che si distacca dalle tue previsioni ti crea uno stress incontenibile. Quindi tendi ad andare in collera per qualsiasi cosa, ti disperi se qualcuno critica il colore delle tue scarpe o il tuo taglio di capelli, ti angosci per delle piccolezze da niente: come la busta non spedita o il latte da comperare; questo è stress e dei peggiori! Perché se una piccola dose di stress ti può aiutare a vivere meglio e in modo più attivo nonché piacevole, quello che invece provi tu ti abbatte, ti crea ansie ingiustificate, ti fa star male: quante volte senti un nodo alla gola durante la giornata? E le lacrime che tentano di sgorgare per una discussione insignificante? E la necessità di puntualizzare tutto che sfocia in un litigio? Evidentemente il tuo carattere ti porta a essere così: sei nato stressato e più vuoi uscirne più ci ricadi. Perché spesso sei proprio tu a metterti in situazioni di conflitto! Infatti, se ci pensi bene, è evidente che è impossibile non andare a lavorare per evitare un capo esigente o una collega aggressiva, è invece facile non incontrare alcune persone o familiari che non ci piacciono particolarmente. Quando non trovi una soluzione brillante a un problema, cerca di rilassarti, fai un bel respiro e rifletti nel modo più distaccato possibile e, anche se sei fondamentalmente ansioso, cerca di razionalizzare più che puoi. Cerca anche di scavare dentro di te e di conoscerti meglio: solo così vincerai lo stress. Se non ci riesci da solo, fatti aiutare da qualcuno che ti conosce e ti vuole bene: sicuramente ti vede meglio di quanto sappia fare tu!

Test 20

Hai la mentalità da assassino?

Scopri con questo test se riesci a identificarti con la strategia di pensiero di un assassino e se, in futuro, sarai in grado di scrivere la sceneggiatura di un thriller di successo.

Leggi la seguente breve notizia di cronaca e prova a rispondere alla domanda: scoprirai così se hai la predisposizione a capire la mentalità dei killer.

> **«Una signorina, durante il funerale dell'adorata madre nota all'improvviso nel corteo funebre un giovane sconosciuto. Lo trova davvero affascinante, proprio l'uomo dei suoi sogni. Un vero colpo di fulmine, e se ne innamora perdutamente. Qualche giorno più tardi la ragazza uccide misteriosamente la propria sorella».**
>
> **Per quale perverso motivo la ragazza ha ucciso la sorella?**

Attenzione: non guardare la risposta suggerita qui sotto, altrimenti il test non è valido. Pensa prima alla tua soluzione.

Risposta suggerita: la ragazza sperava di conoscere il giovane nel caso si fosse ripresentato per il funerale della sorella.

Se hai risposto in modo simile alla domanda, il tuo modo di ragionare è simile a quello di un vero e proprio psicopatico. Se non hai immaginato una risposta simile, meglio per te. Nel primo caso, beh forse sei talmente esperto di telefilm che sei capace di immedesimarti nella mente dei killer senza sforzo. Sei preoccupato? In realtà questo test serve a verificare se sei dotato del cosiddetto "pensiero laterale", ossia la capacità di vedere le situazioni difficili da punti di vista differenti e non scontati. Il pensiero laterale è considerato un indice di creatività.

Test 21

La chirurgia estetica fa per te? ♀

Quanti di noi vorrebbero potersi tuffare nelle acque del Lete, il fiume che scorre alle porte del paradiso e cancella ogni traccia del passato? Oggi però quasi tutti possono rimediare ai segni del tempo con una bella seduta di *lifting*. Ma se a volte un ritocco può essere utile per sentirsi meglio, esagerare può provocare l'effetto contrario: prova a guardare in televisione quanti salsicciotti al posto delle labbra! Tu sei pronta per una seduta dallo specialista?

Avanti allora, una leggera anestesia, e sotto con il test.

1. Di quanto tempo hai bisogno per il trucco in macchina?

A. Tutto il tempo che il semaforo concede. ☐
B. E chi ha tempo, sei sempre in ritardo! ☐
C. Hai consumato l'aletta parasole. ☐

2. Vai a fare una comparsata nella trasmissione del pomeriggio...

A. Estetista e lampada abbronzante, che magari ti nota il regista. ☐
B. Si può andare anche con il maglione? ☐
C. Ecco l'occasione buona per la blefaroplastica. ☐

3. Ma quanto ti piaci specchiata nelle vetrine?

A. Che bel portamento! ☐
B. Non sei fotogenica. ☐
C. Dio come ti ami! ☐

4. Li investiresti 10.000 euro per rifarti il naso?

A. Sono così care le rinoplastiche? ☐
B. Non hai speranze contro la natura. ☐
C. Sì, quando ci vuole ci vuole! ☐

5. *Che cos'è una Jacuzzi?*

A. Una vasca idromassaggio. ☐
B. Devi chiedere alle tue amiche. ☐
C. Il pezzo più pregiato della casa. ☐

6. *Bruno Vespa ha eliminato tutti i nei.*

A. Ha fatto bene, sono pericolosi. ☐
B. Se si sente meglio lui... ☐
C. Come avrà fatto fino a quel momento? ☐

Vediamo dunque che razza di maniaca per il *lifting* sei.

Maggioranza di risposte A
Non ruberesti i soldi dalla cassa per correggerti l'attaccatura delle orecchie a sventola, ma un salto regolare al centro estetico te lo concedi. Non c'è niente di male a presentarsi con un bell'aspetto in ufficio e con il partner. Hai un sano concetto di correzione estetica, senza tanti pregiudizi né manie di perfezionismo epidermico. Quando è il caso bisogna intervenire!

Maggioranza di risposte B
I centri benessere e le Spa possono anche chiudere se devono aspettare i clienti come te. Di sicuro curi di più il tuo lato spirituale, ma anche il fisico vuole la sua parte. Forse rischi di cadere nella grettezza d'animo perché in genere chi non ama se stesso ama poco anche il suo prossimo. Dài, una bella ripassata per togliere almeno i punti neri non ha mai ammazzato nessuno!

Maggioranza di risposte C
Tutti sanno che cosa faresti se fossi tu a trovare il Santo Graal o la pietra filosofale. Nessun dubbio che ti trasformeresti seduta stante in un novello Highlander, immortale e sempre giovane (fino a che ne rimarrà uno solo). Solo in seguito potresti anche cominciare a prendere in considerazione il tuo prossimo. Eh sì, la superficialità non ti fa difetto e trascuri per la cura del corpo i bisogni dello spirito. Ma com'è la storia che chi è bello dentro di solito diventa bellissimo anche fuori?

In caso di parità di risposte, leggete tutti i profili corrispondenti.

Test 22

Il test della mucca

Avresti mai pensato che il modo in cui disegni una mucca dice molto della tua personalità? Prova! Non barare e segui le istruzioni. Prendi un foglio bianco e disegna una mucca senza guardare sotto prima di averla disegnata. Non barare, ne vale la pena!

Ora osserva come e dove l'hai disegnata e leggi il tuo profilo:

- **In centro**: sei un tipo molto pratico.
- **Sulla parte alta del foglio**: sei una persona positiva, ricca di energie, che sa affrontare le difficoltà senza buttarsi troppo giù.
- **Verso il basso del foglio**: sei ansioso e vedi sempre il bicchiere mezzo vuoto e quasi mai mezzo pieno!
- **Se è ricco di particolari**: sei affidabile e dotato di un notevole spirito di osservazione.
- **L'hai fatta a colori?** Bene, sei una persona creativa che vive con gioia il suo tempo.
- **Se la mucca guarda verso sinistra**: metodico e amichevole, hai buona memoria e possiedi il senso del tempo.
- **Se guarda verso destra**: sei fantasioso e dotato di grande immaginazione; spesso ti viene spontaneo infrangere le regole e questo ti crea una vita ricca sia di imprevisti, ma anche di piccoli problemi.
- **Se guarda verso di te**: sei un abile negoziatore, pronto a offrire soluzioni valide per tutti.
- **Se non ha molti particolari**: sei un filo presuntuoso e tendi a trattare con sufficienza il prossimo.
- **Se gli hai disegnato meno di 4 zampe**: sei sotto stress e devi prenderti una vacanza.
- **Se gli hai disegnato più di 4 zampe**: vivi fuori dalla realtà, in un mondo tutto tuo e a volte ti estranei davvero troppo! Torna con i piedi per terra!
- **La grandezza delle orecchie**: rivela la tua grande capacità di ascolto e di disponibilità verso il prossimo.
- **La lunghezza della coda**: più è lunga più empatia possiedi nel rapporto con gli altri. Sei socievole e simpatico.

Test 23

Il test di Chang Li

Qual è il tuo modo di affrontare la vita? Conosci meglio la tua personalità con il test di Chang Li: prendi carta e penna e rispondi in modo sincero a queste tre domande. Non soffermarti troppo sulle risposte, la prima che ti passa per la mente è quella più valida. Sei pronto? Sì? Allora avanti con il test! E attento a non sbirciare il responso prima di aver risposto alle tre domande!

1. Ordina in sequenza questi animali secondo la tua preferenza:

mucca, tigre, pecora, cavallo, maiale.

2. Scrivi una qualità che dal tuo punto di vista descrive ciascuna delle seguenti entità:

cane, gatto, topo, caffè, mare.

3. Pensa a qualcuno che ti conosce bene e che per te è importante. Accoppialo a uno dei seguenti colori, ma non pensare due volte alla stessa persona!

giallo, arancione, rosso, bianco, verde.

Ora leggi il responso:

1. La prima domanda definisce le tue priorità nella vita, per cui: mucca, significa carriera; tigre significa orgoglio; pecora significa amore; cavallo significa famiglia; maiale significa denaro.
2. La descrizione per il cane corrisponde alla tua personalità; il gatto descrive quella del tuo compagno; il topo descrive la personalità dei tuoi nemici; il caffè dice che cosa rappresenta per te l'amore; il mare dice come vedi e percepisci la tua vita.
3. Giallo, qualcuno che non dimenticherai mai; arancione, qualcuno che consideri un vero amico; rosso, qualcuno che ami veramente; bianco, la tua anima gemella; verde, qualcuno che ricorderai per il resto della vita.

Test 24

Sei vittima dello shopping frenetico?

Sei per caso anche tu una *shopping victim*? Quando vedi sul giornale la parola "saldi" perdi la testa e devi per forza correre a far spese nelle boutique in centro o nei grandi magazzini?

Fai il test e verifica se devi cominciare a calmarti.

1. In ufficio il tuo collega arriva con l'ultimo modello di palmare...

A. Gli chiedi quanto l'ha pagato e dove l'ha comprato. ☐
B. Gli chiedi che prestazioni ha e se c'è la possibilità di avere il collegamento al PC. ☐
C. Chiedi se fa anche le foto. ☐

2. Per la festa di promozione dei ragazzi che cosa regali loro?

A. I nuovi jeans al maschio e il giubbotto rosa alla piccola. ☐
B. L'iscrizione al corso estivo di nuoto. ☐
C. Il grande libro dei test. ☐

3. È uscito un nuovo modello di macchina decappottabile...

A. Quanto abbiamo sul conto? ☐
B. Facciamo la prova su strada? ☐
C. Bella la pubblicità in TV. ☐

4. Conosci la differenza tra valori-mezzo e valori-fine?

A. No, non la sai. ☐
B. No, ma ti puoi leggere il libro di sociologia. ☐
C. Sì, per te il significato è chiaro. ☐

5. Quando hai portato a termine un progetto...

A. Ti fai comunque un regalo, sia che abbia avuto successo sia in caso contrario. ☐

B. Ti concedi una cena fuori. ☐
C. Vai a brindare al pub. ☐

6. Le tue motivazioni d'acquisto...

A. C'è molto impulso: le emozioni sono importanti. ☐
B. Leggi la pubblicità prima di decidere. ☐
C. Interessanti i saldi estivi. ☐

7. Hai tanti abiti che non usi più o un po' vecchi?

A. Sì, come tutti. ☐
B. Parecchie magliette scolorite. ☐
C. Di solito compri capi d'abbigliamento di qualità e che non si rovinano facilmente. ☐

8. Cambi il manico rotto della caffettiera oppure la butti?

A. La sostituisci con una nuova a forma di mucca. ☐
B. Ti fai consigliare dal commesso del centro commerciale. ☐
C. Aspetti lo zio Michele e glielo fai cambiare. ☐

Maggioranza di risposte A

Sei proprio una vittima dello shopping selvaggio. Sarà per compensare gli sbalzi d'umore o le frustrazioni professionali, ma stai esagerando con le spese non necessarie. Per te è vitale acquistare! E non importa se hai già ricevuto un anticipo sullo stipendio. Esci dal tunnel finché sei in tempo!

Maggioranza di risposte B

Sei informato su quello che offre il mercato, ma non ne sei schiavo. Sei in grado di prendere tempo prima delle decisioni importanti, anche se ti fai trascinare ogni tanto dalle convenzioni e le mode. Il tuo caso rientra nella norma, ma non sei da ricovero immediato.

Maggioranza di risposte C

Non sei affatto una *shopping victim* né una saldi-dipendente. Di solito rifletti prima di fare acquisti e si capisce che stai abituando i tuoi familiari a non sprecare. Hai ben chiaro in mente quel che conta nella vita anche se sai concederti i giusti premi-partita.

Test 25

Profezie in allegria

Un apposito test per coloro che, appena aprono il giornale, lo sfogliano fino alla pagina dell'oroscopo.

Segui le istruzioni e scrivi le risposte su un foglio. Non imbrogliare e non sbirciare i risultati prima del tempo. Stai attivando il magico potere della profezia che si avvera!

1. Scrivi il primo nome proprio che ti viene in mente.
2. Giallo, nero, verde, rosso o blu.
   Che colore scegli?
3. Scrivi l'iniziale del tuo nome di battesimo.
4. Il mese in cui sei nato?
5. Il mondo è più nero o più bianco?
6. Scrivi un nome maschile se sei maschio e femminile se sei femmina.
7. L'ultimo numero giocato al lotto?
8. Una gita a Rimini o a Siena?
9. Mare o lago?

E ora guarda il significato segreto di ciò che hai annotato.

1. Hai perso completamente la testa per quella persona. Ti stai innamorando seriamente.

2. Se hai scelto **giallo**, sei una persona allegra che ha sempre un consiglio per tutti. **Nero**, sei un tipino irascibile. **Verde**, sei un soggetto naturale che ama la calma. **Rosso**, la tua vita è stracolma di amore. **Blu**, sei rilassato e tranquillo, ma ti piace il divertimento.

3. Se la tua iniziale è compresa tra **A** e **I** possiedi tanti amici e parenti simpatici. Tra **L** e **R** divertimento e avventure garantiti. Tra **S** e **Z** conclusione di buoni affari in vista.

4. Per i nati in **gennaio-marzo**, ci sarà un anno interessante. **Aprile-giugno**, avrete una breve, ma intensa storia d'amore. **Luglio-settembre**, probabilmente ti innamorerai di un collega. **Ottobre-dicembre**, come regalo è in arrivo la tua dolce metà.

5. La scelta del **nero** è il desiderio di cambiare. Il **bianco**, un'amicizia profonda è in arrivo.

6. Ecco una persona che ti sarà accanto sinceramente.

7. È il numero di amici veri su cui puoi contare.

8. Se hai scelto **Rimini** ami l'avventura e le sfide. **Siena** invece fa di te una persona profonda e spirituale.

9. Hai scelto **mare**? È in arrivo una bella storia d'amore. Se hai scritto **lago**, ecco un nuovo lavoro.

Test 26

Amore, amore e ancora amore! ♀

Ami davvero? E allora che cosa faresti per il tuo amore? Fino a che punto sei disposta ad arrivare per conquistarlo ogni giorno?

1. Avete deciso di uscire a cena...

A. È un vero gentiluomo, quindi paga lui. ☐
B. Ti fai prestare cento euro dalla mamma e offri tu. ☐
C. Metà per uno, così nessuno spende troppo. ☐

2. Finalmente hai il permesso di farti un tatuaggio...

A. Le sue iniziali sulla caviglia. ☐
B. Un tribale sul braccio. ☐
C. Una rosa sul seno. ☐

3. Passa per strada un ragazzo davvero, davvero bello e tu...

A. Non lo vedi neppure. ☐
B. Lo guardi bene. ☐
C. Lo guardi cercando di non farti vedere. ☐

4. Il tuo amore compie gli anni...

A. Hai girato tutti i negozi del centro. ☐
B. Una bella canotta. ☐
C. Un bigliettino e via! ☐

5. È domenica, ha deciso di guardare la partita in TV. Tu:

A. La guardi con lui anche se tifi per una squadra diversa. ☐
B. Lo lasci davanti allo schermo e vai a ballare.
C. Lo obblighi a uscire. ☐

6. Lo vedi da lontano con una ragazza mai vista prima...

A. Li fermi e te la fai presentare. ☐

B. Non ti fai vedere e li segui. ☐
C. Gli fai immediatamente una scenata. ☐

7. Beh, i tuoi sospetti erano fondati: ti ha tradita.

A. Ti scongiura e promette di non farlo più: lo perdoni. ☐
B. Lo molli su due piedi, senza sentir ragioni. ☐
C. Non lo lasci ma... gli restituisci la cortesia. ☐

8. Siete indecisi tra il bowling e un bel film...

A. Per questa volta sceglie lui. ☐
B. Cinema, sei troppo stanca per il bowling. ☐
C. Bowling? Ma che stupida americanata. ☐

9. Ti ha prestato l'auto e tu hai tamponato un furgone...

A. Non c'è problema: ha la Kasko. ☐
B. Che cosa vuoi che sia una bottarella! ☐
C. Certo il furgonista poteva anche non fare marcia indietro. ☐

10. Che bello, nevica! Quando rientra a casa che cosa gli dici?

A. «Guarda che carine le pantofole a gatto che ti ho preso!». ☐
B. «Bello lucido il pavimento, vero?». ☐
C. «Per favore, usa le le pattine». ☐

Maggioranza di risposte A

Attenta, hai già la sindrome della mogliettina. Cerca di essere meno delicata e cerca di avere con lui un rapporto alla pari. Non solo non lo perderai, ma vedendoti grintosa ti amerà di più.

Maggioranza di risposte B

Povero ragazzo. Se riesce a sopportarti vuol dire che ti ama davvero. Stare con una con il tuo carattere è davvero una bella sfida. Cerca di ammorbidirti in certe situazioni: la flessibilità è la dote dei grandi!

Maggioranza di risposte C

Sei davvero un'egoista! E per lui non sei disposta a fare nulla. Lui invece ti ama e sarebbe magari disposto a rinunciare alla sua bella moto per te. Osserva bene gli altri e renditi conto di quale perla sia!

Test 27

Quali sono le cose importanti della vita?

A casa tua succedono contemporaneamente cinque fatti che necessitano il tuo intervento:

1. **Suona il telefono.**
2. **Il bambino piange.**
3. **Qualcuno bussa o suona alla porta.**
4. **Hai steso la biancheria fuori e sta cominciando a piovere.**
5. **Hai lasciato il rubinetto aperto in cucina e l'acqua sta cominciando a uscire dal lavello.**

In che ordine risolvi questi problemi? Prendi nota dei numeri e verifica poi l'ordine delle tue decisioni. Fatto? Bene, ogni decisione rappresenta qualcosa nella tua vita e nella soluzione qui sotto puoi vedere il significato.

Il significato del test è molto semplice. L'ordine con cui hai scritto la lista definisce le tue priorità di vita: 1. Telefono: lavoro. 2. Bambino: famiglia. 3. Porta: amici. 4. Biancheria: soldi. 5. Acqua: sesso.

Test 28

Sei competitivo? ♂

Scopri, attraverso le domande di questo veloce test, il tuo tasso attuale di competitività. Ti aiuterà a ristrutturare in tempo l'eventuale scompenso nei rapporti con il prossimo.

Scegli tra sì e no, senza starci a pensare su troppo.

1. Fra le materie scolastiche l'educazione fisica è la tua preferita?
A. Sì ☐ **B.** No ☐

2. Ti senti sempre in competizione con i tuoi amici?
A. Sì ☐ **B.** No ☐

3. Ti piace sfidare i tuoi amici e scommettere su ogni cosa?
A. Sì ☐ **B.** No ☐

4. In caso di una tua sconfitta, ci sai scherzare su?
A. Sì ☐ **B.** No ☐

Più di tre sì: sei competitivo come un *beacher*.
Sei un ragazzo grintoso e ambizioso; hai il perenne bisogno di essere al centro dell'attenzione e di dimostrare che sei il migliore. Insomma, devi farti ammirare a tutti i costi! Le sconfitte ti fanno cadere in depressione, ma sappi che non è necessario primeggiare sempre e in tutto per poter piacere alle ragazze.

Più di tre no: sei un alternativo, come un vero *skater*.
Nello sport, come nella vita, vuoi sentirti diverso da tutti gli altri. Ami stupire le persone che ti circondano, quindi non esiti a lanciarti in qualche impresa un po' pazza. Appuntamento con gli amici? Li raggiungi con lo *skateboard*! Lo *shopping*? Lo fai sui *roller*! Forse più che alla forma, tieni molto al *look* e al fatto di essere *trendy*.

Test 29

Sei una persona elegante ed educata?

Offrire una buona immagine di sé non significa solamente essere ben vestiti. Contano anche le cosiddette buone maniere. Il galateo, che si è evoluto per stare al passo con la società e i tempi, non è un manuale per zitelle ma un insieme di regole di buona educazione per vivere meglio il rapporto con gli altri, per evitare gaffe e per non sentirsi dire: «Sei proprio un buzzurro!». E tu come te la cavi? Prova a rispondere alle prossime domande per capire se hai bisogno di un corso intensivo di *bon ton*. O se invece sei un vero *gentleman* o una compita *lady* dei giorni nostri.

1. Hai caricato la macchina di tutti i bagagli, persino il tetto. Il viaggio però non è dei più brevi e ti chiedi che cosa potresti mangiare:

A. Uno snack veloce annaffiato da una buona birra. ☐
B. Un bel panino con mortadella e cetriolini. ☐
C. Un'insalata leggera e fresca in un autogrill. ☐

2. Sei astemio e lo sei dalla nascita. Non riesci davvero a bere alcolici, ti fanno male. Come ti comporti a una cena?

A. Spieghi agli altri convitati che il vino ti fa male. ☐
B. Porti il bicchiere alle labbra e simuli una sorsata. ☐
C. Ne bevi un po' e speri di non stare male. ☐

3. Sei andato al mare in una spiaggia libera senza cabine. È il momento di tornare a casa, come fai per cambiarti?

A. Ti annodi l'asciugamano in vita e cambi il costume. ☐
B. Apri lo sportello dell'automobile e lo usi come paravento, poi velocemente ti cambi. ☐
C. Cerchi un bar, anche se è lontano, e vai a cambiarti là. ☐

4. Accompagni i tuoi genitori a fare la spesa, come li sistemi in auto?

A. Papà davanti, mamma dietro. ☐
B. Mamma davanti, papà dietro. ☐
C. Entrambi nei sedili posteriori. ☐

5. *Sei in una boutique con tua moglie che sta scegliendo un abito molto sexy. Suona il tuo cellulare, che cosa fai?*

A. Esci dal raffinato negozio e parli al telefono. ☐
B. Ha solo la vibrazione che non disturba, non rispondi. ☐
C. Rispondi, dici due parole e poi chiudi. ☐

6. *Ti presentano una persona, come rispondi?*

A. «Buonasera, Mario Bianchi». ☐
B. «Salve! Piacere, io sono Mario Bianchi». ☐
C. «Buonasera, sono l'ingegner Bianchi Mario». ☐

7. *Sei al bar aziendale con il tuo superiore che starnutisce, tu:*

A. Gli allunghi un fazzoletto in carta. ☐
B. Esclami: «Salute!». ☐
C. Fai finta di niente. ☐

8. *Hai invitato amici e colleghi a un party in terrazzo: è estate e fa caldo. Il terrazzo è ventilato e tutti stanno bene. Però ancora non potete cenare perché alcuni ospiti sono in ritardo. Che cosa proponi?*

A. Offri l'aperitivo ai primi arrivati. ☐
B. Ti innervosisci, ma prima o poi arriveranno tutti. ☐
C. Ti chiudi in cucina con la scusa che devi finire di cucinare la cena. ☐

Qui di seguito puoi leggere i comportamenti più educati da seguire. Confrontali con le tue scelte.

1. La cosa più ragionevole è fermarsi all'autogrill. Non solo per essere educato ma anche perché riempirsi di cibo unto e bisunto magari bevendo alcolici al volante è pericoloso. Immagina il volante unto e le briciole che volano ovunque. Rischi anche di macchiarti e di doverti cambiare. Quindi bene l'autogrill: fai due passi e ci sono anche i bagni...

2. Il vino per te è un veleno, ma i più non lo capiscono, purtroppo. Quindi è perfettamente inutile che tu ti metta a spiegare e rispiegare il concetto. L'unica possibilità è quella di fingere di bere un sorso, lodare il vino e passare ad altro.

3. Cambiarsi con un asciugamano arrotolato o annodato sui fianchi richiede una notevole capacità di contorsionismo. E che dire della portiera? Se un malaugurato colpo di vento la chiude? No, meglio non rischiare e recarsi nel luogo più adatto per cambiarsi: il bar che si vede in lontananza.

4. Ebbene sì, la mamma sta di fianco al conducente. Infatti le signore hanno sempre il posto d'onore vicino al conducente. Papà va dietro, invece. Ricordati anche che se proprio vuoi essere un *gentleman* con la mamma sarebbe bene che le aprissi la portiera per farla accomodare.

5. Se sei in un negozio, rispondi subito e concludi rapidamente la telefonata. Il cellulare è un ottimo mezzo di comunicazione, però talvolta viene usato molto male. Per esempio sui treni e sui mezzi è bene tenerlo silenzioso o con la sola vibrazione e soprattutto al ristorante, non tenerlo sul tavolo, mai! È detestabile, se aspetti una telefonata di lavoro, tienilo in tasca e la vibrazione ti avvertirà.

6. Quando ci si presenta è bene dire sempre «Buongiorno» o «Buonasera» seguito dal proprio nome: prima il nome, poi cognome. Niente titoli e non va detto «Piacere»: il galateo non solo non lo prevede, ma lo sconsiglia caldamente. Dire «Piacere» è considerato maleducato e falso: come possiamo aver piacere di conoscere uno sconosciuto, appunto perché è sconosciuto non possiamo sapere se sarà mai un "piacere"!

7. Evita sempre di dire «Salute» se sei in un luogo pubblico e con persone di riguardo, sarebbe come far notare a tutti che il tuo superiore, o chi altro, ha starnutito ed è raffreddato: lo metteresti in imbarazzo. E ancora peggio sarebbe offrire un fazzolettino in carta. Meglio glissare e far finta di niente.

8. L'aperitivo è proprio ciò che di più giusto esista per aspettare dei ritardatari a una cena. Quindi è molto educato servirlo agli ospiti a mano a mano che arrivano. Perciò fai pure e non chiuderti in cucina disperato! Anzi socializza con gli amici che i tuoi amici hanno portato alla tua festa. E offri sempre dell'ottimo vino per aperitivo, evita superalcolici e cocktail, quelli riservali ai professionisti.

Test 30

Il test dell'uovo al tegamino

Avresti mai potuto immaginare che anche il modo di mangiare un uovo fritto può rivelare che personalità possiedi? E allora forza! Prova questo saporito test!

Come mangi un uovo al tegamino?

A. ASSAGGI PRIMA IL TUORLO ☐
B. MANGI PRIMA L'ALBUME ☐
C. ROMPI L'UOVO E MESCOLI IL TUORLO CON L'ALBUME ☐

Hai scelto? Bene, ecco la descrizione della tua personalità.

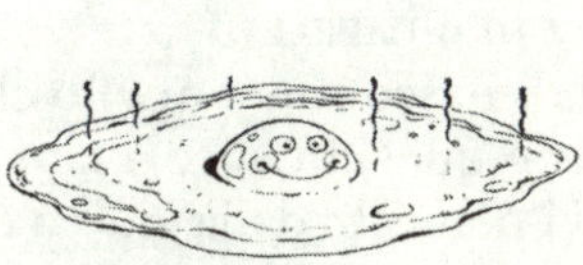

A. ASSAGGI PRIMA IL TUORLO

Possiedi un carattere deciso che sa sempre quello che vuole. Hai davanti agli occhi obiettivi ben chiari verso cui ti dirigi con determinazione. Sei un leader.

B. MANGI PRIMA L'ALBUME

Sei un organizzatore meticoloso, che sta facendo la fortuna dell'azienda per cui lavora. La calma è la virtù dei forti e a te non fa difetto.

C. ROMPI L'UOVO E MESCOLI IL TUORLO CON L'ALBUME

Vivi fuori dalle regole, che non perdi l'occasione di infrangere per il semplice gusto di farlo. Affrettato e confusionario, sei poco indicato per il lavoro in équipe.

Test 31

Scopri il linguaggio del corpo

Il linguaggio del corpo parla di noi e del nostro intimo, svela a chi sa capirlo che cosa pensiamo e che cosa vogliamo esprimere oltre la parola.

E tu che gesto fai di solito? Scegli fra questi e ti conoscerai meglio.

1. Togli dall'abito PELUCCHI o CAPELLI.
2. Tocchi la CRAVATTA o il bordo della GIACCA.
3. Tocchi i POLSINI o il bordo della CAMICIA.
4. Accarezzi l'OROLOGIO.
5. Giocherelli con la PENNA.
6. Giocherelli con la SIGARETTA accesa.
7. Giocherelli con la FEDE al dito.
8. Appoggi gli OCCHIALI alle labbra.

1. Togli dall'abito PELUCCHI O CAPELLI.
Con questo gesto tenti di nascondere quello che pensi a chi parla con te. Non sei d'accordo con quel che dice, ma non vuoi o non puoi controbattere, quindi togli i pelucchi dalla giacca e nel farlo tieni gli occhi bassi: il fatto di non guardare negli occhi il tuo interlocutore vuol dire che non sei sincero con lui.

2. Tocchi la CRAVATTA o il bordo della GIACCA.
Sei un dongiovanni mal riuscito perché sei insicuro del tuo fascino e ciò è rivelato dal gesto di toccarti la cravatta o il risvolto della giacca. Questo gesto maschile svela che il tuo potere di seduzione è legato soprattutto a fatti esterni e superficiali più che alla tua interiorità.

3. Tocchi i POLSINI o il bordo della CAMICIA.
Sei decisamente a disagio, vuoi darti un contegno per essere accettato da chi sta parlando con te. Mentre compi questo gesto sorridi per far vedere che sei sereno. In realtà il tuo sorriso è forzato e si nota dagli occhi che sono guardinghi. Se sorridi solo con le labbra non c'è coerenza nel tuo atteggiamento e il tuo interlocutore se ne accorge.

4. **Accarezzi l'OROLOGIO.**
Se ripeti spesso questo gesto, significa che non ami perdere tempo e che vai subito al sodo, specialmente negli affari e nel lavoro. È un modo per dire a chi ti sta davanti: «È ora che levi le tende: ho cose più importanti da fare».

5. **Giocherelli con la PENNA.**
La penna è un simbolo maschile che rivela una sorta di aggressività latente in chi la impugna. Evidentemente chi ti sta di fronte non ti piace e tu inconsciamente lo minacci.

6. **Giocherelli con la SIGARETTA accesa.**
Se tieni la sigaretta con la brace rivolta verso chi ti è di fronte dimostri aggressività nei suoi confronti. Se, invece, la tieni tra il pollice e le altre dita unite, come se fosse una matita, cerchi di essere seduttivo con il tuo interlocutore.

7. **Giocherelli con la FEDE al dito.**
Generalmente se giocherelli con la fede dimostri insicurezza affettiva e desideri essere rassicurato dal tuo partner. Evidentemente esiste un problema di coppia, ancora più evidente se giocherelli con la fede davanti a una persona di sesso opposto al tuo. In tal caso c'è anche una certa forma di seduttività da parte tua.

8. **Appoggi gli OCCHIALI alle labbra.**
Hai bisogno di conforto spirituale e per questo appoggi l'astina degli occhiali alla bocca e talvolta la mordicchi anche. L'astina diventa una specie di "ciuccio", sì quello che da bambino calmava la tua ansia. Significa che hai un desiderio inconscio di tornare in quel periodo sicuro della tua vita.

Test 32

Glaciale o emotiva? ♀

Riesci a gestire le tue emozioni? Sei una fredda calcolatrice o una persona che ha bisogno di protezione? Questo test ti aiuterà a scoprire se fai fatica a gestire le emozioni oppure se reagisci in modo eccessivo anche a ogni piccola contrarietà.

1. Devi consegnare un lavoro entro sera. E all'improvviso squilla il telefono...

A. Non hai tempo e non rispondi. ☐
B. Rispondi educatamente. ☐
C. Non rispondi. Richiameranno! ☐

2. Discutere con il tuo fidanzato è...

A. Una perdita di tempo inutile. ☐
B. Stimolante. ☐
C. Davvero faticoso. ☐

3. Solo a casa ti sei accorta che il prodotto acquistato è difettoso:

A. Non hai voglia di discutere con il negoziante e lo tieni lo stesso. ☐
B. Discuti con chi te lo ha venduto e lo riporti indietro. ☐
C. Litighi con il negozio e fai valere le tue ragioni. ☐

4. Mentre guardi un film horror in televisione:

A. Immagini subito come andrà a finire. ☐
B. Spesso chiudi gli occhi per allentare la tensione. ☐
C. Non riesci a stare ferma e mangi nervosamente. ☐

5. Prima di un esame o di un evento importante:

A. Vai a fare spese e ti distrai. ☐
B. Fai una bella dormita. ☐
C. Continui a pensare a ciò che devi dire o fare. ☐

6. Due tue care amiche hanno discusso animatamente:
A. Prendi le parti di una delle due. ☐
B. Provi a farle ragionare. ☐
C. Non sono cose che ti riguardano. ☐

7. Sei al lavoro e vieni a sapere che tua nonna è all'ospedale:
A. Finisci quello che stai facendo, poi la raggiungi. ☐
B. Spieghi quello che è successo e ti fai consolare. ☐
C. Vai immediatamente da lei. ☐

8. Ricevi una telefonata non gradita:
A. Fai finta che abbiano sbagliato numero. ☐
B. Gli dici di non chiamarti più. ☐
C. Avverti che la prossima volta chiamerai i carabinieri. ☐

9. Il figlio di una coppia di amici sporca il tuo divano...
A. Osservi soprattutto la reazione dei genitori. ☐
B. Dici subito: «Non importa!». ☐
C. Rimani in silenzio, ma il tuo sorriso è forzato. ☐

10. Sei sulla vetta di una una montagna. Pensi a:
A. Un paio di scarponcini. ☐
B. Un abito scollato. ☐
C. Una minigonna. ☐

11. Quando sei già al supermercato ti rendi conto di aver dimenticato la lista della spesa preparata con cura:
A. Torni subito a casa e la prendi. ☐
B. Non importa, decidi sul momento. ☐
C. Ti fidi della tua memoria. ☐

12. Mentre stai uscendo di fretta, il tuo ragazzo come al solito ti ferma sulla porta:
A. Lo ascolti sempre con piacere. ☐
B. Perdi la pazienza. ☐
C. Gli dai una spinta ed esci. ☐

Assegnati:
1 punto per ogni risposta A.
3 punti per ogni risposta B.
4 punti per ogni risposta C.

Da 12 a 24 punti
Sei una persona decisamente controllata e sai mantenere con lucidità i nervi saldi anche nelle situazioni più difficili. Fai attenzione però, con questo modo di fare perdi molta spontaneità e, anche se rappresenta un modo per difenderti, ciò non sempre ti fa star bene. Lasciati andare ed esprimi la tua sensibilità ogni tanto!

Da 25 a 36 punti
Hai uno spiccato senso dell'equilibrio e detesti le discussioni, ma, se ti senti presa di mira o vuoi far valere le tue ragioni, ti fai prendere da un incontrollabile stato di nervosismo e ansia che ti spingono a entrare in conflitto con gli altri.

Da 37 a 48 punti
A volte sei molto impulsiva e, quando ti accalori, puoi veramente perdere il controllo. Gli altri lo percepiscono e con te rimangono sulla difensiva. Se vuoi che le persone ti avvicinino di più, devi imparare a diventare più calma e riflessiva.

Test 33

Dimmi come lo chiami e ti dirò chi sei

Quale nome hai dato al tuo animale domestico? Scegli una risposta e scopri un lato della tua personalità che non conoscevi.

1. Un nome tradizionale
Se scegli un nome tradizionale, per esempio Fido o Lilli, significa che sei una persona controllata e pacata anche nelle situazioni più tese. Gentilezza ed educazione ti contraddistinguono.

2. Un nome che ne rispecchia il carattere o qualche caratteristica fisica
Se hai scelto un nome come Svelto, Nerone o Baffo vuol dire che sei una persona che segue le regole e le tradizioni della società. Valuti sempre le conseguenze prima di intraprendere qualsiasi azione.

3. Un nome che non ha nulla a che fare con lui
Se chiami Macchia il tuo cane tutto bianco o Topino il tuo gatto significa che desideri distinguerti dagli altri e che non ti fai condizionare dalla società. Sei un anticonformista.

4. Il nome di un personaggio di fantasia
Mazinga, Linus, Tom fanno subito pensare che sei giovane "dentro" e che sei un sognatore che a volte desidera stare solo a ricordare i bei momenti vissuti nella sua infanzia.

5. Un nome di persona
Se chiami il tuo animale domestico con un nome di persona significa che non guardi mai nessuno con aria di superiorità e tratti tutti nello stesso modo. Ami gli animali al punto da considerarli come i tuoi migliori amici.

6. Il nome di un animale pericoloso
Se chiami il tuo fedele amico Aquila, Tigre o Pantera significa che hai una personalità forte e autoritaria. Ami qualsiasi tipo di sfida e non ti fermi mai di fronte a nulla, nemmeno all'evidenza!

Test 34

Che livello di tifo possiedi?

Anche il tifo calcistico è un indicatore della personalità, e anche molte donne sono appassionate tifose, spesso più degli uomini. Questo è un test valido anche per loro, per scoprire che genere di tifoso si nasconde dentro ogni persona. Serve per valutare quanto è potente il demone del tifo, talvolta capace di trasformare le persone in Mughini disposti a tutto pur di tenere alto l'onore della propria squadra, anche se accusata di illecito sportivo e retrocessa in serie B. Sei un esagitato della Fossa dei Leoni o un tiepido sostenitore della domenica? Insomma, che tipo di tifoso sei?

Scoprilo rispondendo, mi raccomando, con tutta la sincerità che il tifo ti consente!

1. La Nazionale è riuscita a vincere la finale del Campionato del Mondo solo grazie alla testata che Zidane ha inferto a Materazzi...

A. È stata tutta colpa del francese; peggio per lui. ☐
B. Pirlo poteva segnare con quella punizione anche allo scadere dei tempi regolamentari. ☐
C. Tutti i meriti e le responsabilità sono di Lippi che ha trasmesso un atteggiamento fiducioso alla squadra. ☐

2. La moviola di *Controcampo* alla domenica...

A. La guardi in estasi. ☐
B. La segui senza particolare entusiasmo, tanto per seguire le amenità di Maurizio Mosca. ☐
C. Non ti interessa. ☐

3. Sei un tifoso del Milan e come ogni estate ti trovi a commentare la campagna acquisti.

A. Ogni anno è sempre peggio! Galliani pensa più ai bilanci che ai colori rossoneri. ☐
B. I calciatori presenti sono già validi, e comunque colpe e meriti si dividono sempre tra società e squadra. ☐

C. Ci sono altri valori di cui tener conto: non si può spendere troppo per una campagna acquisti. ☐

4. Di recente Maradona è stato accusato di evasione fiscale e in passato di uso di droga e sregolatezze varie. Nonostante ciò è stato ingaggiato come allenatore della Nazionale argentina.

A. Tu lo ricordi comunque come il "Pibe de oro" che fece vincere il Mondiale agli argentini. ☐

B. Per te è un campione sia per i gol sia per la sua sregolatezza di vita. ☐

C. Un pessimo esempio da non mostrare ai ragazzini che si avvicinano a questo fantastico sport. ☐

5. Lippi è tornato per la seconda volta alla guida della Nazionale. Nelle amichevoli e nelle partite di qualificazione è evidente che manca ancora l'affiatamento sia in attacco sia in difesa. Si dice che la minestra riscaldata...

A. È pur sempre l'Italia, anche se siamo ridicoli a livello internazionale. ☐

B. L'importante è vincere anche in caso di brutto gioco e colpi di fortuna. Per la Nazionale si deve passare sopra a tutto. ☐

C. Le Nazionali emergenti che praticano un buon calcio devono essere valorizzate e meritano di passare il girone eliminatorio al posto dell'Italia. ☐

6. Le partite della serie cadetta:

A. Le guardi spesso, sui canali locali. ☐

B. Seguo solo le sintesi della domenica. ☐

C. Non le guardi per niente, non si vive di solo calcio! ☐

7. C'è il derby e gioca la tua squadra...

A. Sei arruffato e tesissimo come se fossi sceso tu stesso in campo. ☐

B. Guardi il match su Sky con gli amici. ☐

C. Se il tempo è bello, non ti chiudi in casa o allo stadio e vai al mare. ☐

8. Ronaldo, l'ex fenomeno di Inter e Milan, è stato più volte alla ribalta sulle copertine delle riviste di gossip e cronaca rosa. Ultimamente ne ha combinate di tutti i colori, in Europa e in Brasile però è stato un grande campione, spesso risolutivo come uomo squadra.

A. Lo ammiri come campione del calcio e quello che combina nella vita privata sono solo fatti suoi. ☐
B. Difficile stimarlo come vero uomo di sport. ☐
C. Non merita tutta quella gloria e tutto il denaro che gli sponsor gli riconoscono. ☐

9. In questo periodo si sta svolgendo la seconda fase del processo a Calciopoli, in cui sono coinvolti eminenti personaggi del mondo calcistico: dagli ex allenatori agli ex arbitri, fino alle cariche molto importanti dell'organizzazione sportiva nazionale. Come consideri questi protagonisti del mondo calcistico?

A. Delle vittime del sistema. ☐
B. I processi sono fatti per poter vagliare le accuse e dare a tutti la possibilità di dimostrare la propria innocenza. ☐
C. Devono scomparire per cancellare l'immagine di un'Italia "mafia, spaghetti e mandolino". ☐

10. Questi sudamericani oriundi italiani che pretendono di tenere il piede in due scarpe, come li valuti?

A. E allora? Anche i francesi hanno molti giocatori nati nelle loro ex colonie, che di francese hanno ben poco. ☐
B. Mah, anche noi italiani abbiamo dei buoni giovani nei vivai... ☐
C. Le nazionali sono tali perché formate da uomini nati e cresciuti nel loro Paese di origine. ☐

Ora segna: 1 punto per ogni risposta A, 3 per ogni risposta B e 4 per ogni risposta C.

Da 10 a 15 punti

O sei dei Boys o dei Drughi, lo zoccolo duro della tifoseria! Sei il pericolo del tuo bar, quando alla domenica sera ti scaldi davanti al posticipo. E magari non sta giocando nemmeno la tua squadra. La domenica per te è divisa nel prepartita e nel dopo partita. Famiglia e figli sanno quel che devono fare per conto loro e tu hai il dovere di sostenere la squadra. Per te è una missione umanitaria difendere il tuo "undici" contro ogni avversità e contro tutti.

Da 16 a 30 punti
Ti sei un poco disamorato di questo calcio che punta sull'evento mediatico per spillare più soldi agli sponsor. Più un giocatore è sui giornali scandalistici e più il presidente della sua squadra riesce a ottenere anche soldi pubblici. Non è giusto, tu vai al lavoro ogni mattina e tiri la carretta anche per questi sfaticati che a diciotto anni pretendono di essere considerati quasi dei benefattori dell'umanità. Hai già aperto gli occhi?

Da 31 a 40 punti
Sei stato un tifoso, al tempo che fu. Adesso guardi solo qualche volta, e oltretutto con superficialità, la finale di Champions League. Ma non fumi più 20 sigarette a partita per resistere all'ansia dei fatidici 90 minuti. Hai una professione e una famiglia che ti danno le soddisfazioni vere della vita. Il calcio era bello un tempo, quando giocavano Maradona e Platini, ma adesso guarda che roba!

Test 35

Quale frutto preferisci?

Prova a scoprire qual è il frutto che ti piace e ti rispecchia di più. La scelta che farai ti rivelerà qualcosa sulla tua personalità.

• **Quale frutto preferisci tra quelli che seguono?**
Anguria, mela o pera, pesca, melagrana, fragola.

ANGURIA
Possiedi un carattere sempre ottimista e, anche quando sei in difficoltà, non ti preoccupi più di tanto perché sai che al momento opportuno una soluzione si troverà. Sei una persona molto attiva e intraprendente.

MELA O PERA
Sei una persona tradizionalista, pacata e affidabile. Lavori sodo e quando ti viene assegnato un compito fai del tuo meglio per portarlo a termine nel migliore dei modi, non importa quanto esso sia difficile.

PESCA
Sei una persona senza alcun pregiudizio verso gli altri, che giudichi sempre in modo positivo. Questo significa che anche gli altri ti vedono come un tipo gentile e cortese e amano ascoltare ciò che hai da dire loro proprio perché ti rispettano.

MELAGRANA
Sei una persona energica, ma gentile. Puoi apparire misteriosa a coloro che non ti conoscono molto bene, perché non riveli spesso i tuoi sentimenti. Ami socializzare e sei popolare tra i tuoi conoscenti.

FRAGOLA
Sei una persona che ama divertirsi e sa come godersi la vita. Ti piace vivere in modo eccentrico e circondarti di cose belle. Sei un cultore dell'estetica e a volte puoi essere un po' troppo narcisista. Il tuo spiccato senso dell'umorismo ti rende simpatico e coinvolgente.

Test 36

Test della F

Un test facile e molto breve, che si deve risolvere in soli dieci secondi, non uno di più, altrimenti non è valido. Controlla poi il risultato più sotto. Avrai anche questa volta una bella sorpresa!

Contate il numero di F nel testo qui sotto:

FINISHED FILES ARE THE RESULT OF YEARS
OF SCIENTIFIC STUDY COMBINED WITH
THE EXPERIENCE OF YEARS

Ecco fatto. Non guardare il seguito se non hai finito di contare, d'accordo? Quante F hai contato? Tre? Quattro? Sbagliato!

Soluzione

Ce ne sono sei. Non è uno scherzo! Torna sopra e riconta! La spiegazione è questa: il cervello difficilmente registra "OF". Incredibile, vero? Chi conta sei F al primo tentativo è un genio, quattro o cinque è raro, tre è normale. Meno di tre, è consigliabile cambiare gli occhiali!

Test 37

I capelli parlano di te

Lo sai che i tuoi capelli, a seconda delle loro caratteristiche, possono rivelarti se sei irrequieto o determinato, pigro o volitivo? E tutto questo in base al loro colore, al loro tipo e, nelle donne, anche alla loro acconciatura. Allora, forza, parti dal colore dei tuoi capelli, ma ricorda che esso non basta a delineare l'intera personalità e che ne indica solo una predisposizione.

Come sono i tuoi capelli?

- **A. CASTANI** ☐
- **B. BIONDI** ☐
- **C. ROSSI** ☐
- **D. NERI** ☐
- **E. GROSSI E SPESSI** ☐
- **F. FINI E DELICATI** ☐
- **G. MOLTO FITTI** ☐
- **H. RADI E FRAGILI** ☐

Hai scelto? Bene, ora valuta con attenzione.

A. CASTANI

La tua caratteristica più importante è l'essere dolce e molto premuroso. Sei anche dotato di una grande capacità di relazionarti con gli altri, rendendoti sempre disponibile al dialogo e alle relazioni umane. A patto però che anche la fisionomia del volto confermi nell'insieme questa tua indole. Sono proprio questi tratti del viso a confermare la tua capacità di riempire la giornata con incessanti fiumi di parole. Le sai usare bene: per te il mondo è costituito da infinite melodie.

B. BIONDI

Se i tuoi capelli sono biondi, possiedi un carattere docile, ami il benessere e cerchi di non circondarti di persone troppo problematiche. Tendi a essere un un po' troppo idealista e sogni a occhi aperti l'arrivo dell'anima gemella, rischiando spesso di avere delle brutte delusioni sentimentali. Sogna meno, quindi, e cerca di diventare più concreto, vedrai che troverai la persona giusta!

C. ROSSI

Chi possiede i capelli rossi possiede una personalità eccentrica e passionale, ma anche una buona dose di furbizia e stravaganza: difficilmente ti accontenti di ciò che, almeno all'apparenza, è "normale". Il tuo carattere originale, quindi, potrebbe risultare un po' difficile, specie per chi ti sta accanto; tranne forse che per un partner che abbia a sua volta i capelli rossi o perlomeno biondi. In ogni caso sei un tipo che è consigliabile prendere con le pinze!

D. NERI

Questo colore rivela una grande forza e determinazione nell'affrontare la vita: questa caratteristica, però, non esclude anche una grande dose di sensibilità. Due qualità che convivono in conflitto e che possono arrivare a renderti perfino melanconico. Ma la concretezza non ti manca e sai senz'altro trovare occupazioni adatte a te. Sei una persona affidabile, dunque, eccetto che nei momenti in cui sfoghi la tua malinconia facendo il disfattista.

E. GROSSI E SPESSI

Grande energia, temperamento e resistenza alle situazioni difficili che la vita quotidiana ti chiede di affrontare. Anzi, sei proprio attratto dalle situazioni complesse e intricate. Forse questo succede perché la tua notevole autostima ti spinge a metterti alla prova e a credere che non esistano ostacoli insuperabili. Bada comunque a non superare il limite di guardia per non cadere nel tranello della depressione da stress.

F. FINI E DELICATI

Indicano sensibilità, intuizione e capacità di cogliere anche le più sottili sfumature delle diverse situazioni della vita. Le frustrazioni ti fanno soffrire facilmente, ma per fortuna sei aiutato da notevoli doti intuitive, che ti permettono quasi sempre di accorgerti delle cose prima ancora che accadano. Ciò ti consente di porvi rimedio evitando in tal modo facili delusioni.

G. MOLTO FITTI

Se la tua testa assomiglia a un grande cespuglio più che a una capigliatura, sei dotato di un'enorme vitalità. Possiedi anche una notevole sensualità e una straordinaria forza interiore che ti permette di sopportare a lungo fatica e stress. Hai dunque un carattere assai volitivo: sei esigente con te stesso e perfino un po' prepotente, ma hai sicurezza da vendere e gli altri se ne accorgono.

H. RADI E FRAGILI

Hai un temperamento piuttosto passivo nei confronti della vita. Le responsabilità ti infastidiscono e preferisci rimandare le cose nel tempo o demandarle ad altri piuttosto che affrontarle in prima persona. Non ami la fretta: la pigrizia che ti caratterizza ti fa agire con ritmi del tutto personali. Aspetti sempre che le cose accadano, prima di prendere decisioni: è una strategia rischiosa, pensaci!

Test 38

Il test dello scoiattolo

Stai passeggiando in un parco: all'improvviso ti saltella davanti uno scoiattolo che si ferma un momento davanti a te. Ti guarda fisso negli occhi senza dimostrare paura, poi corre via. E tu ti chiedi: «Chissà dov'era prima di finire davanti ai miei piedi!». La risposta a questa domanda ti permetterà di scoprire qualcosa di te che ancora non conosci.

Scegli il rifugio dello scoiattolo e leggi il responso.

A. Alla base di un albero
B. In un cespuglio sotto l'albero
C. Sull'albero in mezzo alla chioma, ben nascosto
D. Su un ramo, ben in vista

Questo test spiega come affronteresti la situazione in cui una persona, che non è il tuo tipo, ti dichiarasse il suo amore...

A. Alla base di un albero

Sei una persona diplomatica e le tue parole rispecchiano il tuo modo di essere. Probabilmente, in modo molto sincero, risponderesti così: «Sono desolato, ma sono già impegnato!».

B. In un cespuglio sotto l'albero

L'educazione prima di tutto! Per non offendere, a questa dichiarazione risponderesti semplicemente con un sorriso gentile.

C. Sull'albero in mezzo alla chioma, ben nascosto

Il tuo essere sincero e diretto ti rende brusco e potrebbe sfuggirti dalla bocca qualcosa del tipo: «Ma ti sei mai guardato allo specchio?».

D. Su un ramo, ben in vista

Troppo spesso parli senza riflettere e diresti: «Non sei proprio il mio tipo!». Questa è probabilmente la cosa più carina che potresti dire, ma attento: preso in un momento no, potresti rispondere anche peggio!

Test 39

Il test dell'albero di Natale

Prova a immaginare un grande albero di Natale e cerca di raffigurarlo mentalmente nei minimi particolari: la pianta, i rami, le palline, i colori dominanti e tutto quello che ti viene in mente.

Ora scegli quale sua parte vorresti essere.

- A. UN RAMO ☐
- B. L'ALBERO ☐
- C. UNA DECORAZIONE D'ARGENTO ☐
- D. UNA DECORAZIONE D'ORO ☐
- E. UNA PALLINA IN PRIMO PIANO ☐
- F. UNA PALLINA IN SECONDO PIANO ☐
- G. UNA DECORAZIONE NON SFERICA ☐
- H. UN ANGIOLETTO ☐
- I. UNA STELLA ☐
- L. IL PUNTALE ☐
- M. UN PACCHETTO REGALO ☐

Hai scelto? Bene, ecco l'inusuale descrizione della tua personalità.

A. UN RAMO

Sei una persona gentile e pratica; ti accontenti delle piccole cose e quello che desideri di più è fare parte di un tutto, essere cioè in armonia con la natura e con gli altri. Devi però cercare di staccarti un po' dalla famiglia, dal fidanzato, da una pesante situazione di lavoro, altrimenti non riuscirai mai a essere veramente te stesso. È giunto il momento di crescere e di camminare con le tue gambe. Vedrai, dopo un primo momento di sconforto, tutto diventerà più interessante.

B. L'ALBERO

Sei un idealista, ma anche una persona contraddittoria e non facile da capire. Hai scelto l'albero spoglio di ogni ornamento perché pensi che simboleggi la natura (con la quale sei in totale comunione) e la libertà, anche se poche cose sono ferme, legate e statiche come un albero. Cerca, ogni tanto, di ascoltare i consigli di chi ti vuole bene. E non essere sempre chiuso in te stesso, impara non solo a fidarti, ma anche a confidarti.

C. UNA DECORAZIONE D'ARGENTO

Vorresti l'amore di tutti quelli che ti stanno accanto, ma senza far nulla per meritarlo, semplicemente perché sarebbe bello averlo! Cerca di essere un po' meno superficiale e di curare di più le persone e le cose che ami. Forse una parola in meno, ma un gesto in più possono servire a far capire a chi ti sta vicino che sai essere anche concreto.

D. UNA DECORAZIONE D'ORO

Tendi a cercare l'approvazione e il rispetto degli altri per tutto quello che sei o che fai. A te piace giocare per vincere, avere lo scettro del comando sul lavoro, guadagnare bene, essere al centro dell'attenzione nei rapporti sociali e nella vita a due. Ricorda, però, che ogni tanto anche gli altri vanno gratificati. Un piccolo dono, una carezza, un pensiero gentile faranno felici quanti ti stanno vicino.

E. UNA PALLINA IN PRIMO PIANO

Se hai scelto questo simbolo, perfettamente sferico, è perché hai un grande desiderio di sicurezza, di avere un'attività gratificante e garantita e di sentirti accanto a qualcuno che ti apprezzi in tutte le sfaccettature della tua personalità, amandoti per come sei. Tutti obiettivi non facili da raggiungere, ma che, se affrontati con serenità, potrai conquistare. Certamente ti dovrai impegnare a fondo e non avere fretta: certi obiettivi si raggiungono lavorando sodo, ma senza stress.

F. UNA PALLINA IN SECONDO PIANO

Sei una persona socievole, che ama la compagnia e che di solito riesce simpatica, anche se interiormente sei piuttosto introverso. Sogni qualcuno che ti scopra e ti porti lontano, materialmente o anche solo in senso metaforico. Stai con gli occhi bene aperti, dunque, e fai attenzione a chi incontri: attraverso una persona, infatti, potresti davvero arrivare dove hai sempre sognato! Quindi anche se non soffri di protagonismo e ti piace stare in disparte, affina il tuo intuito per capire qual è la persona giusta.

G. UNA DECORAZIONE NON SFERICA

Hai un modo tutto tuo, personale, che rasenta l'eccentricità, di farti notare; sì, sempre e comunque tendi ad accentrare l'attenzione su di te, un po' per dimostrare al mondo che esisti e che conti qualcosa, un po' perché sotto sotto ti senti solo e vorresti essere circondato da tanta amicizia e tanto affetto. Resta come sei, con la tua dolce stravaganza: finirai inevitabilmente per trovare quello che cerchi.

H. UN ANGIOLETTO

Questa scelta simboleggia il tuo voler uscire da una situazione che ti pesa. Vorresti da un lato aver le ali per volare, dall'altro essere pregato di non farlo. Sii paziente: forse a costo di qualche sofferenza, ma riuscirai comunque a ottenere quello che desideri e molto probabilmente anche la vera felicità. Tieni viva la tua fede in ciò che reputi di valore, senza tentennamenti: i tuoi pensieri diventeranno realtà!

I. UNA STELLA

Dietro la maschera della persona precisa e perfetta si nasconde la tua natura generosa, la tua luce interiore, quella che ti fa amare da chi riesce a conoscerti a fondo e criticare da chi si ferma alle apparenze. Non preoccuparti: vai bene così. Non mischiarti con persone troppo diverse da te che non possono capirti. Ricorda che se continui a dire la verità, alla fine verrai scoperto!

L. IL PUNTALE

Sei una persona dotata di un'intelligenza e di un intuito spiccati e prediligi la razionalità piuttosto che il lasciarsi andare ai sentimenti melensi. Ma se vorrai avere quello che di bello offre la vita, dovrai scendere a inaspettati compromessi che si riveleranno, comunque, molto dolci. I sentimenti non sono governati sempre dalla logica, ma ti faranno vivere momenti meravigliosi: abbandonati a essi ogni tanto!

M. UN PACCHETTO REGALO

Vai subito al sodo: ecco il lato più caratteristico della tua personalità. Non ti perdi in preamboli e rimani concentrato sulle questioni finché non le risolvi. Con te è meglio evitare i preamboli rituali ed entrare velocemente in argomento. La tua praticità, tuttavia, non ti impedisce di apprezzare il lato estetico della vita e di sicuro sei in grado di apprezzare le cose belle – anche se per te superflue – che accompagnano le tue giornate. Probabilmente non aprirai subito il pacchetto, come un bambino ansioso di scoprire la sorpresa, ma fantasticherai sul contenuto fino alla mezzanotte. La tua esasperata pragmaticità infatti non ti ha tolto il piacere dell'immaginazione e dell'attesa. Sei pratico, ma non superficiale.

Test 40

Costume intero, bikini o topless? ♀

È arrivata l'estate, tempo di sole, vacanze, divertimento e relax... Ti stai preparando per andare al mare con il tuo ragazzo o con i tuoi amici e vai a comprarti un costume nuovo. Sì, ma come sceglierlo? Quale sarà il più adatto e in sintonia con la tua personalità? Un accollato costume da bagno tipo nuotatrice olimpionica, rigorosamente nero o blu? Oppure un bel bikini elegante e senza fronzoli? E se fosse il topless?

Lo potrai scoprire, prima di decidere, rispondendo a questo test.

1. Cena a lume di candela, che cosa scegli come primo piatto?

A. Insalata. ☐
B. Un piatto orientale. ☐
C. Ravioli al ragù. ☐
D. Ostriche. ☐

2. Il momento della giornata ideale per fare l'amore:

A. Di notte. ☐
B. Dopo pranzo. ☐
C. La sera. ☐
D. Al risveglio. ☐

3. Il tuo copricostume ideale:

A. Un pareo. ☐
B. Una semplice maglietta. ☐
C. Un abito traforato con cintura bassa. ☐
D. Un abito corto e trasparente. ☐

4. Portare abiti molto corti e sexy al mare è:

A. Indispensabile: fa troppo caldo! ☐
B. A volte necessario, ma non esageriamo. ☐
C. Sinonimo di libertà. ☐
D. Utile per farsi notare. ☐

5. Sei distesa al mare e pensi...

A. Chissà quanto ti abbronzerà! ☐
B. Al rumore delle onde. ☐
C. A nulla, ti godi il momento di relax... ☐
D. A una notte d'amore. ☐

6. La nudità femminile, secondo te:

A. Va solo immaginata. ☐
B. È oramai scontata. ☐
C. Non sempre è piacevole. ☐
D. Fa sempre piacere! ☐

7. Lo vuoi conquistare e quindi cerchi di essere:

A. Simpatica. ☐
B. Intrigante. ☐
C. Sfuggente. ☐
D. Sexy. ☐

8. Parti per le vacanze e non puoi dimenticare:

A. Il tuo vestito più bello. ☐
B. I tuoi gioielli. ☐
C. I trucchi. ☐
D. La biancheria intima sexy. ☐

9. Le vacanze servono per...

A. Rilassarsi. ☐
B. Fare sport. ☐
C. Svagarsi. ☐
D. Fare conquiste. ☐

10. Il tuo ragazzo ha scelto per le vacanze il campeggio:

A. Che bello: la vita all'aria aperta ti piace davvero molto. ☐
B. No! In vacanza non vuoi far nulla. ☐
C. No! Vuoi un letto comodo per la tua intimità. ☐
D. Sei d'accordo: il campeggio favorisce la vita sociale. ☐

Assegnati: 1 punto per ogni risposta A, 2 punti per ogni risposta B, 4 punti per ogni risposta C e 5 punti per ogni risposta D. Fai la somma e verifica.

Da 10 a 20 punti

Sei una persona che ama stare in compagnia ed essere disponibile con gli altri, ma hai una sfera tutta tua, dove ami disporre di spazi personalissimi che non permetti mai a nessuno di violare. Un bel costume intero è per te l'ideale!

Da 21 a 35 punti

In spiaggia ti senti decisamente a tuo agio con un bikini elegante, meglio se sgambato: ti piace essere sexy, ma senza perdere l'eleganza che ti rende così piacevole. Le vacanze ti divertono, ma non sei schiava della conquista per forza; prima di tutto pensi a te stessa e al tuo divertimento personale.

Da 36 a 50 punti

Come negarlo? La tenuta da spiaggia per te è proprio il topless! Senza alcun dubbio sei una donna alla quale piace mostrarsi: vuoi sempre stupire. Sai anche che questa tenuta è ormai piuttosto comune, ma è anche l'unica nella quale ti senti veramente a tuo agio. Sì, perché per te nudità vuol dire libertà, cioè libertà da tutti i tabù che spesso condizionano la società di oggi.

Test 41

Dimmi come sei nato e ti dirò chi sei

Youssou N'Dour cantava i 7 *Seconds* che portano alla luce un bambino. Sarebbe interessante poter fare tutti noi una buona seduta di ipnosi regressiva per esplorare che cosa è successo in questi benedetti 7 secondi. Il modo in cui nasciamo, le persone che stavano accanto a nostra madre, il luogo dove è avvenuto il parto hanno influito sulla nostra condizione psicofisica attuale. Chi più, chi meno. Scegli il tuo "parto specifico" per scoprire qualche piega sconosciuta della tua personalità e del tuo carattere.

- **A. PARTO NATURALE CLASSICO** ☐
- **B. CESAREO** ☐
- **C. PREMATURO** ☐
- **D. PARTO INDOLORE** ☐
- **E. PARTO INDOTTO** ☐
- **F. CON L'AIUTO DEL FORCIPE** ☐

Hai scelto il tuo tipo di nascita, magari chiedendo particolari a tua madre? Bene, ora leggi con attenzione.

A. PARTO NATURALE CLASSICO

• Carattere

A volte ti capita di sentirti una persona normale o addirittura insignificante? Gli esperti dicono che è una sensazione tipica per chi, come te, è venuto alla luce in una "normale" clinica. Nessun problema quindi, capita a tanti nati come te, ma non esistono problemi seri di personalità.

• Amore e vita sociale

Dolce e quasi sempre comprensivo, riesci a far sentire a proprio agio i tuoi amici, i collaboratori e i familiari. Di contro hai l'impressione che il tuo grande affetto non sia adeguatamente contraccambiato. No, è solo questione di sensibilità, e tu ne hai da vendere.

• Lavoro

Hai poche ambizioni, ma molto chiare. Sei leale e sai sempre quello che vuoi e quali sono i tuoi obiettivi.

• Un consiglio...
Cerca di analizzare la tua vita intima e rivedi la tua automotivazione: scoprirai facilmente che i fatti che ti possono sembrare di poco conto sono in realtà importanti; come, per esempio, la tua "normalità".

B. CESAREO

• Carattere
Sei nato a dispetto della tua condizione, particolarmente scomoda per tua madre. Di solito decidi tu come devono essere risolti i problemi, anche se adoperi una misura, a volte eccessiva, di protagonismo.

• Amore e vita sociale
Negli altri cerchi di continuo la figura della mamma o del padre o comunque del maestro consigliere. Probabilmente hai avuto partner più anziani di te, che ti hanno distolto dalla compagnia dei coetanei.

• Lavoro
Sei alla perenne ricerca di conferme e rassicurazioni. Il che non è sempre capito dai tuoi superiori che possono scambiare questa tua necessità per debolezza o, peggio, per scarsa capacità.

• Un consiglio...
Dovresti ricercare le buone soluzioni dentro te stesso, piuttosto che nei superiori o nel partner. Quando devi decidere rilassati, respira profondamente, evita di andare in apnea come al tuo solito e fai affluire ossigeno al cervello: niente ansia perché puoi sempre e in ogni caso contare sull'aiuto di chi ti vuole bene.

C. PREMATURO

• Carattere
Qualcuno di noi vive "immerso nel proprio tempo" e altri vivono per arrivare "in tempo". Tu sei del secondo tipo, con un'agenda elettronica super organizzata e collegata al tuo computer.

• Amore e vita sociale
Non è che stai forzando eccessivamente i tempi dei progetti importanti? Stai forse cercando di compensare così la tua "immaturità", che ti porti dietro dalla nascita? Non tutti hanno la capacità necessaria per capire queste delicatezze, che le persone sensibili come te invece pretendono.

• Lavoro
Tendi a strafare per dimostrare di essere pari a tutti gli altri. Non ne hai bisogno: datti una calmata!

• Un consiglio...
Prova ad andare a tempo con chi ti sta intorno, sia negli affetti sia nell'attività professionale. Tieni il passo del tuo partner, non lasciarlo indietro!

D. PARTO INDOLORE

• Carattere
Sei portato a estraniarti dalla realtà, quasi come un secondo E.T. La capacità di immaginazione non ti fa difetto, e per te la vita è sempre e comunque rosa. Ogni tanto però sei costretto ad atterrare per scoprire come è il mondo reale.

• Amore e vita sociale
Sai amare davvero chi ti sta accanto e ti piace essere coccolato dal partner, anche se a volte le sue cure ti procurano un senso di oppressione e ti viene voglia di scappare via lontano. Il fatto vero però è che se il tuo partner allentasse la stretta, ti sentiresti immediatamente trascurato e inizieresti a soffrire. Cerca di fare chiarezza in te stesso prima che sia troppo tardi.

• Lavoro
Cercare aiuto negli altri per te è normale. Accanto a una buona dose di empatia vive però uno spiccato senso di inferiorità, come se tu dovessi continuamente chiedere aiuto anche per le cose di ordinaria amministrazione.

• Un consiglio...
Un sistema infallibile per ridurre l'ansia creata dal tuo senso di inferiorità e di annotare sull'agenda tutti i lavori e le scadenze importanti. L'agenda ti consentirà di avere il controllo sulle attività fondamentali impedendoti di crogiolarti nel dubbio: «Ce la farò?». Ti addormenterai più tranquillo.

E. PARTO INDOTTO

• Carattere
Alcuni di noi fanno succedere le cose, mentre altri preferiscono aspettare che qualcuno lo faccia per loro. Tu sai perfettamente di avere una forte inerzia e di cercare negli altri chi è disposto a darti la spinta necessaria ad avviare la macchina. Però ora è arrivato il momento di prendere l'iniziativa e cominciare a creare buone occasioni di crescita personale. Non avrai più così bisogno di una spinta dall'esterno per realizzare ciò che vuoi!

• **Amore e vita sociale**
Ogni volta che ti chiedono di scegliere, scegli. Altrimenti rischi di rimanere deluso da chi fa la scelta per te. Non ti fare trascinare sempre, che le capacità decisionali non ti fanno certo difetto. Sei grande ormai e puoi volare da solo.
• **Lavoro**
Fatti coraggio e comincia a presentare i progetti e le innovazioni che hai in mente da tempo. Come sempre, gli altri ti aiuteranno.
• **Un consiglio...**
Segui la politica dei piccoli passi: un passo alla volta si arriva alla meta.

F. PARTO CON L'AIUTO DEL FORCIPE

• **Carattere**
«Sono capace di farlo da solo!»: te lo ripeti spesso, vero? Ricordati però che abbiamo sempre bisogno degli altri, e che non tutti sono approfittatori. Non generalizzare.
• **Amore e vita sociale**
Sospettoso come un felino, temi la personalità di chi ti sta intorno: sia in campo affettivo sia in quello professionale. Temi di essere "forzato" nelle scelte, come al momento della nascita.
• **Lavoro**
Niente pressioni, d'accordo, ma sei sempre alla ricerca di aiuto!
• **Un consiglio...**
Scegli le persone di cui puoi fidarti e frequentale di più.

Test 42

Il test del regalo

Che meraviglia! Ti è arrivato un pacchetto avvolto in una preziosa carta colorata e con un bellissimo fiocco in perfetta gradazione cromatica. Ti chiedi subito che cosa ci possa essere dentro e fantastichi un po' prima di aprirlo. Bene, scopri attraverso queste tue fantasie un lato sconosciuto del tuo carattere. La stessa cosa vale se il regalo lo fai tu. Che cosa ci sarà mai nel pacchetto?

Scegli istintivamente e leggi con attenzione il profilo.

A. Libro
B. Capo di abbigliamento
C. Profumo
D. Gioiello

A. Libro

Intellettuale, romantico e con la testa fra le nuvole; ti piace immedesimarti totalmente nei personaggi delle storie che leggi e così a volte vivi in un mondo tutto tuo. Spesso ti manca un pizzico di senso pratico.

B. Capo di abbigliamento

Un tantino narcisista, ti guardi spesso e a lungo allo specchio, e inoltre curi con pignoleria la tua immagine, perché sai che costituisce il "biglietto da visita" della tua personalità per il mondo intero.

C. Profumo

Sensuale, ami i piaceri della vita. Sei egocentrico ma non egoista, nel senso che cerchi di soddisfare soprattutto i tuoi desideri, pur senza trascurare il tuo prossimo.

D. Gioiello

Ami il lusso, l'eleganza e le comodità. Hai una buona dose di autostima: sei consapevole del tuo valore e desideri dimostrarlo a tutti, e ci riesci.

SECONDA PARTE

Personalità e carattere

Sono test indispensabili per comprendere la personalità e il carattere, al fine di perfezionare la conoscenza di se stessi e affinare così i rapporti con il prossimo. Utili per approfondire la conoscenza dei propri sentimenti e di conseguenza migliorare la vita di coppia.

Certamente tutti noi pensiamo, anzi siamo convinti, di conoscerci, ma spesso non è la verità. Quindi i test che seguono possono fornirti una visione più completa del tuo temperamento e delle caratteristiche della tua personalità. Leggi con attenzione e sorridi, si tratta di un passatempo spesso divertente, ma serio, che ti farà scoprire qualcosa di te, o di chi ti sta vicino, che nemmeno potevi immaginare.

Potrai capire in una pagina quale sia il taglio di capelli più adatto a te; oppure se sei egoista in amore o se hai una buona flessibilità mentale; e ancora, quale ballo ti rappresenta di più. Anche i colori, così importanti nella tua vita, ti sveleranno qualcosa di più. A proposito, che cosa faresti per amore? Tutto, ma davvero tutto, oppure sei un tipo avaro di sentimenti e di parole dolci? E se fossi un animale che cosa sceglieresti di essere? Un'aquila che si libra in volo e osserva dall'alto o un pigro leone che sonnecchia al sole nella savana? E che genere di amica sei? Fastidiosa, sempre presente o distratta? Attraverso questi semplici test potrai scrutare nel tuo intimo, ma anche in quello di chi ti sta vicino, figli compresi, e capire meglio non solo la tua personalità, ma anche le tue inclinazioni magari invisibili ai più. Insomma, occhio alle domande, usa la matita se necessario e conosci te stesso, ma anche chi ti sta a cuore!

Test 43

Qual è il tuo taglio di capelli "giusto"? ♀

Ti guardi allo specchio, ma non ti piace quello che vedi. I tuoi capelli troppo lunghi ti hanno stancata. Andavano di moda l'anno scorso! Certamente ci sono voluti degli anni per farli crescere, ma ora ti guardi intorno e vedi le tue amiche con tagli divertenti e spigliati. Persino tua madre si è fatta un caschetto davvero particolare. Però sei dubbiosa: intanto non sai che parrucchiere scegliere tra quello tecnologico, *trendy* o tradizionale, ma questo è un problema che si risolve facilmente. Invece è lo stile del taglio che ti preoccupa: rasati a zero come un *marine*? Sfilati con la frangetta? O invece una bella testa scalata e ben scolpita?

Fai il test e avrai le tue risposte!

1. Torniamo allo *specchio*, quando ti ci rifletti che cosa vedi?

A. Una ragazza acqua e sapone. ☐
B. Una ragazza sexy e vistosa. ☐
C. Una ragazza un po' musona. ☐
D. Una ragazza decisamente fuori dal comune. ☐

2. Sei per strada: dove cade l'occhio di chi ti guarda?

A. Ti guardano gambe e sedere. ☐
B. Ti fissano negli occhi. ☐
C. La tua bocca è una calamita per gli sguardi. ☐
D. Osservano il tuo look fantastico. ☐

3. Quando vai al lavoro, usi...

A. I mezzi pubblici. ☐
B. La super automobile di papà. ☐
C. Un'auto piccolina e molto maneggevole. ☐
D. Una moto d'epoca. ☐

4. Ti piace tantissimo un ragazzo, come deve essere per conquistarti?

A. Deve essere tifoso della tua stessa squadra, diamine! ☐

B. Non avere il minimo tatuaggio: li detesti. ☐
C. Deve riuscire a farti ridere anche se sei triste! ☐
D. Deve essere affascinante e tenebroso. ☐

5. Ti piacerebbe partire per una bella vacanza, ma dove...

A. In Costa Azzurra, ami la raffinatezza sempre. ☐
B. A New York, dove lo shopping è uno stile di vita. ☐
C. In Patagonia a caccia di avventure. ☐
D. A Berlino, dove trovi musica e trasgressione. ☐

6. Il colore che più ricorre nel tuo guardaroba è il...

A. Rosso. ☐
B. Viola. ☐
C. Blu. ☐
D. Nero. ☐

7. Non usciresti mai di casa senza...

A. La sciarpa anche in estate. ☐
B. La bigiotteria vistosa o i gioielli. ☐
C. Gli occhiali da sole. ☐
D. I tacchi a spillo, anche in moto. ☐

8. Non ti faresti mai vedere senza?

A. Un bell'ombretto colorato e metallizzato. ☐
B. Il kajal per uno sguardo intenso e sexy.
C. Uno strato triplo di mascara per ingrandire gli occhi. ☐
D. Un rossetto da diva, rosso e al peperoncino. ☐

9. Nessuno è perfetto! Tu in che cosa pecchi?

A. Se vedi un gatto nero, cambi strada. ☐
B. Nessuno è meglio di te. ☐
C. La pazienza non è il tuo forte! ☐
D. Sei sempre a lamentarti. ☐

10. Il personaggio cui assomigli...

A. Natasha Stefanenko. ☐
B. Giorgia. ☐

C. Laura Pausini. ☐
D. Giusy Ferreri. ☐

Maggioranza di risposte A: un taglio quasi maschile.
Dalle risposte date, sembri un tipo tosto e deciso. Sai quello che vuoi e il capello corto va bene per te. Sei sicuramente una ragazza sportiva per la quale la praticità è importante. Quindi la nuca scoperta e una bella frangia scalata daranno risalto al tuo collo, che se è lungo e sottile di natura forse non ne ha bisogno, ma se lungo non è... Se sei bionda, qualche colpo di sole solo sulla frangia ti darà un tocco in più; se mora o castana, qualche meche rossa ti renderà più attraente!

Maggioranza di risposte B: un taglio deciso, ma di classe.
Sei una ragazza sexy e grintosa che ama farsi notare sempre e sei anche molto femminile. Il taglio per te è quello scalato, ben scolpito con piccoli ciuffi che sembrano scappare disordinati qua e là. Se hai i capelli grossi è davvero il taglio perfetto. Se sono ricci, invece, non ti resta che stirarli per ottenere lo stesso effetto scanzonato e voluminoso. Mentre se sono sottili e dritti vanno, oltre che scalati, anche sfilati per sembrare più corposi. Questo taglio è pratico: asciughi i capelli a testa in giù e via, senza piastra né altri strumenti.

Maggioranza di risposte C: un taglio appena accennato.
Il test parla chiaro, non sei ancora pronta a un cambiamento radicale. In fondo ami le tue chiome fluenti, e la tua pettinatura precisa. I tuoi capelli lisci si muovono come un'onda sulle spalle e stanno bene lì. Potresti però, se già non ce l'hai, farti tagliare una frangia sbarazzina e sfilata, oppure dritta e rigorosa, per cambiare un po'. In alternativa, potresti sfilare i capelli solo un po' ai lati per dare un movimento diverso.

Maggioranza di risposte D: un taglio personalizzato.
Sei così trasgressiva, irriverente e unica che più che un taglio dovresti avere una serie di parrucche per poter cambiare aspetto ogni giorno. Passeresti così da capelli lunghissimi e neri a capelli cortissimi biondo platino in un batter d'occhio. Ma poiché è quasi impossibile, il taglio per te potrebbe essere molto, ma molto spettinato, con alcuni ciuffi quasi dritti e la nuca coperta, magari con asimmetrie studiate ad arte e colori diversi che esaltano tutto questo "disordine" creato *ad hoc*: base castana con colpi di sole rossi, biondi e neri!

Test 44

Il test del piede destro indipendente

Sei sicuro di avere il completo controllo del tuo corpo? Sei certo di avere sotto controllo la tua mente e di conseguenza i tuoi comportamenti? Vale la pena di provare questo test. Il tuo piede fa quello che gli pare: sembra incredibile, ma è vero e capita proprio così. Si può scommettere che proverai almeno dieci volte per vedere se sei capace di svincolare il piede, ma non ci riuscirai!

E adesso proviamo:

A. Mentre sei seduto, alza il piede destro dal pavimento e fagli fare dei cerchi nel senso delle lancette dell'orologio.

B. Continua a fare i cerchi.

C. Mentre fai dei cerchi con il piede destro, disegna il numero 6 nell'aria con la mano destra.

D. Il tuo piede cambia direzione e gira al contrario.

A meno che tu non sia un fenomeno oppure un batterista professionista, questo è quello che ti succederà finché non avrai acquisito il controllo dei due emisferi cerebrali, sia destro sia sinistro. Al lavoro!

Test 45

Scopri il tuo potenziale

Questo è uno dei test "classici" che vengono proposti ai candidati durante il colloquio di lavoro presso importanti aziende internazionali. Serve per capire quale sia la potenzialità del candidato e conoscere se il posto che gli può essere assegnato sia giusto per lui. O per sapere se il candidato è giusto per l'azienda. Stai cercando lavoro?

Forza allora, fai questo esercizio e arriva preparato al colloquio!

1. Quando ti senti meglio?

A. Mattino. ☐
B. Pomeriggio. ☐
C. Sera. ☐

2. In che modo cammini?

A. Abbastanza rapido con passi lunghi. ☐
B. Abbastanza rapido con passi corti. ☐
C. Non tanto veloce, con la testa alta. ☐
D. Non tanto veloce e guardando per terra. ☐

3. Quando parli con la gente che postura hai?

A. Mantieni le braccia incrociate.
B. Tieni le mani con le dita incrociate. ☐
C. Tieni una o ambedue le mani sui fianchi. ☐
D. Tocchi spesso la persona con cui stai parlando. ☐
E. Giochi con l'orecchio, ti sfiori il mento o i capelli. ☐

4. Come ti siedi quando vuoi rilassarti?

A. Con le gambe dritte e unite. ☐
B. Con le gambe incrociate. ☐
C. Con le gambe distese e divaricate. ☐
D. Con una gamba piegata sotto di te. ☐

5. Quando qualcosa ti diverte molto reagisci con:

A. Una grande risata. ☐
B. Una risata contenuta. ☐
C. Un sorriso silenzioso. ☐
D. Un sorrisino timido. ☐

6. Quando vai a una festa o a una riunione sociale:

A. Fai un ingresso forte per farti notare da tutti. ☐
B. Fai un ingresso silenzioso, cercando qualcuno che conosci. ☐
C. Fai un ingresso il più tranquillo possibile per passare inosservato. ☐

7. Stai lavorando molto duramente e sei concentrato, ma ti interrompono spesso. Che cosa fai?

A. Ti prendi una bella pausa. ☐
B. Diventi nervoso. ☐
C. Entrambe le cose. ☐

8. Quali di questi colori ti piacciono di più?

A. Rosso o arancione. ☐
B. Nero. ☐
C. Giallo o blu chiaro. ☐
D. Verde. ☐
E. Blu scuro o porpora. ☐
F. Bianco. ☐
G. Marrone o grigio. ☐

9. A letto, poco prima di dormire, rimani...

A. Disteso sulla schiena. ☐
B. Disteso a pancia in giù. ☐
C. Di fianco, un po' rannicchiato. ☐
D. Con la testa su un braccio. ☐
E. Con la testa sotto le lenzuola. ☐

10. Frequentemente sogni di...

A. Stare cadendo. ☐

B. Lottare senza sforzi. ☐
C. Cercare qualcosa o qualcuno. ☐
D. Volare o galleggiare. ☐
E. Normalmente non sogni. ☐
F. I tuoi sogni sono sempre gradevoli e quando ti svegli sei riposato. ☐

Adesso prendi nota del valore del punteggio che hai totalizzato per ogni risposta e poi leggi il profilo corrispondente.

Domanda 1

A. 2 ☐
B. 2 ☐
C. 6 ☐

Domanda 2

A. 6 ☐
B. 4 ☐
C. 7 ☐
D. 2 ☐
E. 1 ☐

Domanda 3

A. 4 ☐
B. 2 ☐
C. 5 ☐
D. 7 ☐
E. 6 ☐

Domanda 4

A. 4 ☐
B. 6 ☐
C. 2 ☐
D. 1 ☐

Domanda 5

A. 6 ☐

B. 4 ☐
C. 3 ☐
D. 5 ☐
E. 2 ☐

Domanda 6

A. 6 ☐
B. 4 ☐
C. 2 ☐

Domanda 7

A. 6 ☐
B. 4 ☐
C. 2 ☐

Domanda 8

A. 6 ☐
B. 7 ☐
C. 5 ☐
D. 4 ☐
E. 3 ☐
F. 2 ☐
G. 1 ☐

Domanda 9

A. 7 ☐
B. 6 ☐
C. 4 ☐
D. 2 ☐
E. 1 ☐

Domanda 10

A. 4 ☐
B. 2 ☐
C. 3 ☐
D. 5 ☐
E. 6 ☐
F. 1 ☐

Più di 60 punti
Gli altri ti vedono come qualcuno da "gestire e trattare con cura". Alcuni ti vedono come un tipo frivolo, egoista e molto dominante. Altri possono ammirarti e desiderare di diventare come te, ma non si fidano pienamente e temono di entrare in confidenza.

Da 51 a 60 punti
Gli altri ti vedono come una persona eccitante, molto volatile, abbastanza impulsiva, decisa e dalle naturali doti di leader. Ti vedono audace e avventuriero, uno che prova, e fa tentativi per qualunque cosa, uno che rischia e si gode le avventure. Gli altri si divertono a stare in tua compagnia per l'energia che emani.

Da 41 a 50 punti
Gli altri ti vedono come una persona fresca, viva, incantevole, divertente, pratica e sempre interessante; uno che sta costantemente al centro dell'attenzione, ma sufficientemente equilibrato da non montarsi la testa. Ti considerano amabile, riflessivo e comprensivo.

Da 31 a 40 punti
Gli altri ti vedono sensato, attento e pratico, capace, dotato e talentuoso, ma anche modesto. Però non sei una persona che fa amicizia troppo in fretta. Sei fedele agli amici e conti di essere ricambiato! Chi ti conosce sa che il periodo per entrare in confidenza con te è lungo, ed è ugualmente lungo il tempo per recuperare nel caso in cui la tua fiducia venisse tradita.

Da 21 a 30 punti
I tuoi amici ti vedono come uno che si impegna, è esigente, molto cauto, un lavoratore lento e costante! Resterebbero sorpresi da un tuo comportamento impulsivo, visto che credono che tu analizzi tutto accuratamente da ogni angolo e solo dopo decidi che cosa fare.

Al di sotto dei 20 punti
Le persone pensano che tu sia timido, nervoso, indeciso, dipendente dagli altri nel prendere le decisioni; un tipo che desidera non aver niente a che fare con nessuno. Ti giudicano assillato da problemi che in realtà non esistono. Alcuni pensano che sei noioso, e solo chi ti conosce bene sa che non è proprio così!

Test 46

Grillo o lumaca?

Sei scattante come un grillo oppure lento come una lumaca? Scoprilo.

1. Ti sei perso dopo una tempesta, sei solo in una pianura deserta:

A. Cerchi un posto riparato e accendi un fuoco. ☐

B. Gridi a più riprese sperando che qualcuno ti soccorra. ☐

2. Con il cambio di stagione hai questi sintomi:

A. Finalmente ti sentirai meglio! ☐

B. Ogni cambio di stagione ti peggiora la vita. ☐

3. Due amici stanno parlando sottovoce. Tu che cosa fai?

A. Allunghi le orecchie, un segreto può sempre tornare utile. ☐

B. Sei la discrezione fatta persona e non ascolti. ☐

4. Dire una bugia? No! Ma se fosse necessario perché la diresti?

A. Per non dare un dispiacere a un amico. ☐

B. Tu non menti, ometti solo per evitare rotture... ☐

5. È mattina e ti sei appena alzato dal letto:

A. Scatti come una molla e fai colazione. ☐

B. Ti guardi intorno, ti vesti con calma e ti metti a tavola. ☐

Maggioranza di risposte A: sei un grillo.
Sei una persona dinamica e vivace sempre pronta a trovare soluzioni, anche le più difficili. Hai una mente attenta in un corpo atletico.

Maggioranza di risposte B: sei un bradipo.
Non sei particolarmente arguto e nemmeno atletico. Vai piano, ma sai sempre dove arriverai e riesci sempre a ottenere quel che desideri.

Test 47

Quanta paura hai?

Hai deciso di non guardare più il TG perché sei stanco di notizie catastrofiche: fame, guerre, pestilenze, attentati, omicidi e rapimenti! Insomma una vera catastrofe a livello globale. Per non parlare dell'economia che va a rotoli. Ma tu quanta paura hai a causa di tutti questi accadimenti?

Scoprilo rispondendo a queste domande.

1. Anche al cinema, dove ti vuoi svagare, ti mostrano un documentario con scene catastrofiche. Che cosa ti suscitano?

A. Terrore. ☐
B. Incredulità. ☐
C. Grande commozione. ☐

2. La solita nazione che ama le guerre e la destabilizzazione deve essere fermata ancora una volta con la forza. Che cosa ne pensi?

A. È il solito *déjà-vu* e pensi che sia ora di smetterla. ☐
B. Se proprio è inevitabile, è bene prendere posizione. ☐
C. Decidi di non ignorare il pericolo e fai provviste. ☐

3. Un attentato ha sconvolto il mondo, creando un'ondata di panico. Tu che cosa pensi?

A. Ti nascondi dietro l'indifferenza e l'egoismo. ☐
B. Talvolta le notizie vengono presentate nel modo peggiore per creare maggior panico. ☐
C. Anche se è successo a migliaia di chilometri, ti preoccupi per le centinaia di povere persone coinvolte. ☐

4. Una missiva anonima ti viene recapitata dal postino e tu:

A. Che gioia magari si tratta di un ammiratore segreto! ☐
B. Attentato! Ti senti come il comico di *Zelig* che minaccia sempre attentati, però tu sei convinto che lo sia. ☐
C. Sbianchi, ti intimorisci e butti tutto nel bidone. ☐

5. Finalmente puoi recarti nella Grande Mela perché hai vinto un viaggio giocando alla lotteria aziendale:

A. Cedi il biglietto al tuo collega perché hai una gran paura di volare. ☐
B. Accetti, ma vuoi sapere tutto sulla compagnia aerea. ☐
C. Sei pronto ancora prima di aver ritirato il biglietto. ☐

6. *Se ti offrissero un bunker antiatomico, che cosa risponderesti?*

A. Ma scherziamo? Non esiste davvero. ☐
B. La prudenza non è mai troppa! Accetti e grazie! ☐
C. Meno male, che fortuna, non ci speravi proprio. ☐

7. *Sei in una cabina della teleferica, che cosa provi?*

A. Credi che sia l'inizio della fine. ☐
B. Meno male che è una cabina di nuova costruzione. ☐
C. Che panorama meraviglioso! ☐

8. *Primavera, periodo di esami clinici. Hai qualche valore un po' sballato, che cosa fai?*

A. Vai dal tuo medico di base, quando ti è possibile. E non te ne fai un grande problema. ☐
B. Corri preoccupato all'ambulatorio. ☐
C. Da buon pessimista pensi di essere gravissimo e chiami il dottore al telefono. ☐

Calcola il punteggio e leggi il risultato: 1. A=2, B=3, C=1; 2. A=1, B=3, C=2; 3. A=3, B=1, C=2; 4. A=1, B=2, C=3; 5. A=3, B=2, C=1; 6. A=3, B=1, C=2; 7. A=3, B=2, C=1; 8. A=1, B=2, C=3.

Da 8 a 13 punti: equilibrato.
Complimenti sei dotato di un equilibrio invidiabile. Sai sempre razionalizzare ciò che accade a te o al mondo anche gli imprevisti non ti scuotono minimamente. Non ti fai schiacciare dal panico e neppure dalla paura, anzi sei sempre pronto a reagire in modo positivo. Non ti preoccupano nemmeno le situazioni a rischio che possono colpire il nostro Pianeta: dalla guerra totale agli sconvolgimenti climatici gravi. Tutto sommato è meglio, secondo te, restare sereni e pensare ad

affrontare il pericolo quando dovesse davvero presentarsi. Meglio non esagerare con ipotesi negative e inutili precauzioni!

Da 14 a 19 punti: moderatamente spaventato.
Ascoltare il telegiornale ti fa male, se senti parlare di situazioni drammatiche o catastrofiche (terrorismo, guerre, epidemie ecc.). Più che paura senti un malessere generale che proviene dall'empatia che ti unisce a chi sai che sta soffrendo. Tuttavia in particolari momenti di stress non riesci a contenere l'ansia e questa ti impedisce di valutare gli eventi con la dovuta lucidità e razionalità. Da questo tuo stato d'ansia prendono origine le tue paure che ti conducono certe volte a rinchiuderti perfino in casa senza avere il coraggio di salire in metropolitana per timore di un attentato. Cerca di parlare di queste tue paure con altre persone che possono aiutarti a razionalizzare. Non serve a nulla mettere cinque serrature alla porta quando è sufficiente abbattere il muro per entrare in casa! Cerca di essere meno spaventato e più concreto.

Da 20 a 24 punti: molto spaventato.
Forse appartieni a quel numero di persone che ha vissuto una guerra da vicino e sa di che cosa si tratta. E certamente non sei un militare. Oppure nel corso della tua infanzia hai assistito a episodi così traumatici, come il crollo della diga del Vajont o il terremoto in Friuli o in Sicilia da restare davvero segnato non solo nel tuo inconscio. Tutti questi episodi violenti ti hanno profondamente sconvolto rendendoti pauroso al limite della patologia. Nei tuoi occhi e nella tua mente sono vive le immagini che il telegiornale trasmetteva quando imperversava la guerra in Iraq, degli incendi e dei crolli. Tutto ciò ti ha reso così vulnerabile da impedirti di salire su un aereo e anche di compiere tutte quelle azioni necessarie alla vita quotidiana. Forse non hai nemmeno la patente. Dovresti forse affidarti a uno specialista e cercare di vivere con maggiore leggerezza e gioia; certo non è facile, ma non è neppure impossibile.

Test 48

Hai un carattere flessibile?

Questa simpatica prova serve a verificare la tua flessibilità mentale, ovvero la tua capacità di passare rapidamente da un'idea all'altra, indipendentemente dall'argomento in questione e dalla profondità dei contenuti. Lo scopo del test consiste nel trovare il massimo numero di parole specifiche in un minuto. Puoi fare questo test da solo o con un tuo amico.

Pronto? Hai solo sessanta secondi!

1. In un minuto preciso scrivi tutte le parole che ti vengono in mente e che iniziano con la lettera "N".
2. Escludi i nomi propri, i sinonimi e i diminutivi.
3. Scatta il cronometro.
4. Fatto!

Valutazione della tua flessibilità: ogni parola vale un punto e, quindi, somma i punti ottenuti.

Fino a 10 punti
La tua flessibilità nell'immaginazione è veramente troppo scarsa! Che cosa puoi fare? Leggi buoni libri e vai a vedere film interessanti. Comincia a frequentare gente nuova, colta e spiritosa che ti aiuti a uscire dal guscio. Sviluppa le tue potenzialità!

Da 11 a 30 punti
Il tuo grado di flessibilità è decisamente buono: continua così! Sei sulla buona strada dunque, ma cerca di non adagiarti e prosegui nella tua ricerca, continua a sviluppare la tua immaginazione!

Oltre 30 punti
Sei pronto per fare l'autore a *Zelig* oppure hai barato! In ogni caso complimenti: anche per barare ci vuole notevole flessibilità!

Test 49

In coppia sei litigiosa o pacifica? ♀

Rispondi alle domande qui di seguito e scoprirai qual è il tasso della tua litigiosità nelle relazioni sentimentali. Cerca di essere onesta e non barare: non trasformarti da lupo in agnello!

1. La saponetta è quasi finita, ne resta un suo modesto simulacro nel portasapone di cristallo, che cosa pensi?

A. Figurarsi se pensa a mettere il sapone nuovo. ☐
B. Ora pulisci e aspetti che ti chieda il sapone. ☐

2. Sei al ristorante, elegante e profumata, fresca di parrucchiere e lui non arriva...

A. Ora lo chiami al cellulare. Un altro ritardo! ☐
B. Aspetti, può capitare a tutti un contrattempo. ☐

3. C'è da vuotare e riempire la lavastoviglie. Toccherebbe a lui...

A. Come al solito te ne sei accorta, ma questa volta la sconta davvero! ☐
B. E già, sei davvero troppo buona! ☐

4. Sta per scatenarsi l'ennesima bufera, che cosa pensi?

A. Ne hai abbastanza di queste sterili liti! ☐
B. Come ti piacerebbe che la pace regnasse fra noi! ☐

5. Dopo l'ennesima accesa discussione, non vi rivolgete la parola da mezza giornata...

A. Fai il primo passo e lo cerchi. Detesti il silenzio. ☐
B. Speri che lui non ti cerchi, e te ne vuoi stare in pace per altre dodici ore almeno! ☐

6 Dopo una sfuriata, sei tu a cercare la pace?

A. Ma nemmeno morta, non ti umili di sicuro! ☐
B. Certo, per te è la cosa giusta da fare. ☐

7. Avete appena avuto una lite violenta, eppure vorresti baciarlo...

A. Un bacio vale una tregua? ☐
B. Non ti smuovi per nulla, sai che arriverà lui! ☐

8. Ecco sta arrivando con un sorriso e le orecchie basse. Tu:

A. Decidi di accettare le sue scuse. ☐
B. Riprendi la discussione da dove si era interrotta. ☐

9. Ecco qua, si ricomincia, è sempre colpa di...

A. Certamente non sei innocente. ☐
B. Sempre ed esclusivamente sua! ☐

Assegna: 1 punto a ogni risposta A e 3 punti a ogni risposta B, fai le somme e leggi il responso.

Da 9 a 12 punti: sei la pace fatta persona!
Sei davvero una persona solare e positiva. Non ti va di litigare, ma se ti costringono, rispondi a tono, senza mai trascendere. Sai mantenere la calma e il sangue freddo e anche quando si tratta di fare pace, fai il primo passo volentieri perché la tranquillità per te è fondamentale. In ogni caso, se proprio non ti costa tanto, qualche volta usa un po' di grinta: vedrai che il tuo compagno sarà gradevolmente sorpreso di sentirti un po' più pepata!

Da 13 a 19 punti: sei pacifica, ma non ti lasci mettere i piedi in testa!
Di sicuro non sei tu a cercare la lite, anzi sei piuttosto calma e remissiva, ma al momento giusto sai far valere le tue ragioni specialmente se ti senti sminuita o presa in giro. Talvolta puoi essere la prima a fare pace, ma solo se vedi che il tuo partner è davvero contrito. Sei forse un po' troppo orgogliosa: stai attenta l'orgoglio è un pessimo consigliere!

Da 20 a 27 punti: sei davvero una peste, la guerra ti appassiona!
Sei proprio incapace di stare zitta! Ogni volta che il tuo compagno apre bocca sei pronta a rintuzzarlo. Non gli lasci passare nulla, nemmeno un piccolo ritardo o una saponetta finita. Sei terribile, ma cerca di moderarti almeno un po' e non colpevolizzarlo sempre. Anche l'uomo più calmo e sereno del mondo può perdere la pazienza e cercare rifugi molto meno tempestosi!

Test 50

A Carnevale ogni scherzo vale

Un test davvero singolare per misurare le tue capacità amatorie attraverso la scelta di un travestimento carnevalesco. Da quel che scegli scoprirai se sei un amante pigro o vitale; se ti piace prendere l'iniziativa o preferisci essere passivo; se la passione ti porta a fare follie o se sei un amante compassato che si accontenta, ma non accontenta...

Rispondi alle domande che seguono e poi tira le somme!

1. Quando eri bambino e adolescente a che cosa si ispiravano i tuoi costumi?

A. Oggetti. ☐
B. Al sesso opposto. ☐
C. Moschettiere o damina (cioè un ruolo del proprio sesso). ☐
D. Animali. ☐

2. Quando devi decidere che costume usare come lo scegli...

A. Ti aggreghi ai tuoi amici e organizzate un gruppo mascherato ispirato alla letteratura, al cinema ecc. ☐
B. Scegli un travestimento che faccia risaltare la tua fisicità. ☐
C. Per la sua originalità. Vuoi essere al centro dell'attenzione. ☐
D. Ti piacciono i travestimenti che occultano il tuo corpo. ☐

3. Il tuo travestimento deve essere:

A. Unico. ☐
B. Elegante. ☐
C. Confortevole. ☐
D. Trasgressivo. ☐

4. Se una persona cui tieni ti vedesse travestito che cosa penserebbe?

A. Però che maschera geniale! ☐
B. Beh, sei davvero divertente. Bravo. ☐

C. Insomma, non credi di esagerare? ☐
D. Certo da te me lo dovevo aspettare! ☐

5. *Sei invitato a una festa di Carnevale: qual è il momento clou?*
A. Mentre ti prepari, sei eccitato all'idea di farti vedere dagli altri. ☐
B. Appena arrivi, quando tutti ti ammirano e si stupiscono. ☐
C. Tutta la festa è meravigliosa perché ben nascosto dalla tua maschera fai quel che ti pare. ☐
D. Poiché sei un tipo gracile e scegli sempre costumi pesanti e accessoriati, il tuo momento migliore è quando ti liberi dagli orpelli e cominci a muoverti meglio. ☐

6. *Travestirti a Carnevale è per te...*
A. Un vero piacere. ☐
B. Un fatto del tutto irrilevante. ☐
C. Un vero incubo. ☐
D. Una cosa che ti piacerebbe fare più volte nell'anno. ☐

7. *Segna i travestimenti nei quali ti vedresti meglio:*

Per l'uomo
1. Superman. ☐
2. Supergirl. ☐
3. Nanetto. ☐
4. Grassone. ☐
5. Clown. ☐
6. Vampiro. ☐
7. Cavaliere ☐
8. Donna. ☐
9. Cavernicolo. ☐
10. Bambino. ☐
11. Militare. ☐
12. Imperatore. ☐

Per la donna
1. Supergirl. ☐

2. Superman. ☐
3. Nanetta. ☐
4. Grassona. ☐
5. Clown. ☐
6. Vampira. ☐
7. Tigre. ☐
8. Cavernicola. ☐
9. Barbona. ☐
10. Bambina. ☐
11. Dama. ☐
12. Odalisca. ☐

Soluzione del test: per ogni risposta che avrai scelto tra **A**, **B**, **C** e **D** abbina una delle lettere E, R, S e T secondo il seguente schema:

	A	B	C	D
1.	S	T	R	E
2.	E	R	T	S
3.	E	R	S	T
4.	R	E	T	S
5.	E	R	T	S
6.	R	E	S	T

7. 1=R; 2=E; 3=E; 4=S; 5=E; 6=T; 7=R; 8=T; 9=S; 10=R; 11=T; 12=S.

Maggioranza di risposte E
Sei sensibile e raffinato, vivi il sesso come il giusto complemento dell'amore e per te sesso e sentimento vanno sempre insieme. E anche il tuo partner deve essere come te: completamente coinvolto. Il Carnevale può essere l'occasione perché possiate giocare insieme scambiandovi i ruoli e conoscervi anche meglio. Se invece sei *single*, stai bene attento perché nemmeno a Carnevale l'avventura di una notte ti può dare felicità.

Maggioranza di risposte R

Sei affettuoso, romantico, ma poco sensuale. Il sesso per te è sempre da affrontare come una rivelazione quasi mistica ogni volta. Ma la mancanza di fantasia che ti contraddistingue lo trasforma in una routine terribile di gesti ripetuti e finalizzati. Durante il Carnevale, grazie alla maschera che ti nasconde, potresti trovare il coraggio per trasgredire e stupire.

Maggioranza di risposte S

Sei sensuale e il sesso ti piace, ma non sei particolarmente fantasioso. Ti piace la semplicità ossia un rapporto intenso, ma senza ricercata raffinatezza. Prendi il sesso così com'è senza intimo firmato né profumi preziosi. Quello che ti piace del Carnevale è la sua facciata godereccia: il cibo, il vino oltre ai costumi. Per te l'intimità della coppia guadagna dagli altri piaceri carnali.

Maggioranza di risposte T

Trasgressivo, fantasioso, versatile. Sei un amante pieno di iniziativa e molto trasgressivo che può portare il proprio partner a livelli di piacere indimenticabili. Sei intrigante e passionale al punto giusto, ma tendi ad annoiarti facilmente se chi ti sta vicino non è alla tua altezza. Dai sempre il meglio di te stesso alla persona giusta, altrimenti rischi di sfogare solo nei sogni la tua passionalità e a fuggire a gambe levate.

Test 51

Chi sei tu? Lo sai per davvero?

Prendi un foglio di carta e scrivi le risposte alle sette domande qui di seguito. Senza barare e senza guardare prima i risultati! Scoprirai cose interessanti e non banali sulla tua personalità.

1. Dove preferisci stare?

A. A casa a rilassarti. ☐
B. Fuori con gli amici. ☐

2. Sei al primo appuntamento con qualcuno e vai a...

A. Una festa. ☐
C. A cena fuori. ☐

3. Qual è il colore che preferisci?

A. Rosa. ☐
B. Giallo. ☐
C. Azzurro. ☐
D. Verde. ☐

4. Che cosa scegli tra...

A. Andare in barca a vela. ☐
B. Sciare. ☐
C. Pattinare. ☐

5. In che negozio entreresti subito?

A. Intimo. ☐
B. Abbigliamento. ☐
C. Gioielleria. ☐

6. Quale regione preferiresti tra...

A. Campania. ☐
B. Emilia-Romagna. ☐
C. Trentino. ☐

7. Hai i capelli...

A. Biondi. ☐
B. Neri. ☐

Ecco il responso:

1. Se hai scelto la casa, sei un pantofolaio; se hai scelto gli amici, sei una persona vivace e frizzante.
2. Se vai alla festa, sei uno che ama scherzare; se preferisci la cena, sei un romanticone.
3. Rosa: affettuoso; giallo: estroverso; azzurro: sempre efficiente; verde: formidabile amante.
4. Barca a vela: attivo; sciare: ami osare; pattinare: sei determinato.
5. Se hai scelto il negozio di intimo, sei sensuale; quello d'abbigliamento, sei simpatico; la gioielleria, sei un po' troppo perfetto!
6. Campania: ti piace avere gente intorno; Emilia-Romagna: amante dei divertimenti e della vita mondana; Trentino: sei calmo, riflessivo e ami la natura.
7. Capelli biondi: non sei come appari; capelli neri: sei provocante.

Test 52

In amore sei altruista o egoista? ♂

In amore dai o prendi? O invece sai dare senza chiedere solo per il piacere di chi ti sta vicino? Sai non essere egoista e il tuo amore non ha bisogno di chiedere? Ecco il test per scoprire di che tipo di egoismo e altruismo sei. Segna la risposta che più ti si addice. Questo è un test davvero utile per capire se davvero dai abbastanza a chi ti ama, anche se il tuo amore, forse, non si è mai lamentato.

1. *Decidi di uscire con il tuo amore, che cosa fai?*

A. Vuoi andare assolutamente al cinema. ☐
B. Lei vuole andare a teatro: ci andate. ☐
C. Andate a cena in un ristorantino: piace a tutti e due. ☐

2. *Secondo te per fare carriera nel lavoro che cosa si deve fare?*

A. Usare al massimo le proprie capacità. ☐
B. Lavorare, lavorare e ancora lavorare. ☐
C. Essere ben raccomandati. ☐

3. *Sei un credulone?*

A. Beh perché devo dubitare? ☐
B. Se chi mi parla è credibile... ☐
C. Io sono diffidente per natura! ☐

4. *Il tuo amore è davvero giù di corda. Che cosa fai?*

A. Prima o poi le passa, la lasci tranquilla. ☐
B. Parli con lei e l'aiuti a stare meglio. ☐
C. Le racconti che anche tu da qualche tempo... ☐

5. *Ti metti delle extension per avere i capelli più lunghi. Lei resta molto turbata, che cosa fai?*

A. Tieni i capelli lunghi, li adori! ☐
B. Decidi di tenerli raccolti a coda per farle piacere. ☐
C. Te le strappi subito, in fondo devi piacere a lei! ☐

6. Come al solito sei chiuso in bagno da oltre mezz'ora e il tuo amore desidera prepararsi rapidamente per un appuntamento importante. Tu:

A. Le dici scherzando che nessuno è perfetto e che se ti ama si deve adeguare. ☐
B. Tu? Bloccare il bagno? Mai! ☐
C. Ma lo sapeva da prima che hai il risveglio lentissimo! ☐

7. Finalmente partite per una breve vacanza: sei pronto?

A. Beh, veramente la valigia te l'ha fatta lei. ☐
B. Adesso, fai in un attimo. ☐
C. Ma certamente, non aspetti mai l'ultimo momento. ☐

8. Sono arrivati gli inviti per il ballo della Croce Verde, non hai fatto in tempo a distruggerli e lei tiene tanto a quel ballo, tu invece:

A. Detesti queste manifestazioni quindi speri che ti esoneri. ☐
B. Vai a letto adducendo un mal di testa improvviso. ☐
C. L'accompagni, ma se la prossima volta non ricambia... ☐

9. Arrivano in visita i suoceri e la sorella saccente, tu:

A. Ti cambi, ti radi e vai al cinema da solo. ☐
B. Fai buon viso a cattivo gioco. ☐
C. Te ne stai solo nella tua stanza dopo aver salutato educatamente. ☐

10. Non sei per niente sazio d'amore e vorresti continuare. Ma la tua compagna è stanca e vuole dormire:

A. Ti giri sul fianco seccato e ti addormenti. ☐
B. Non le dai tregua fino a che non cede. ☐
C. Fingi di cedere, ma ti infili sotto le coperte e... ☐

11. Insisti nel raccontare quella vecchissima barzelletta che anche i muri conoscono. La tua compagna:

A. Finge di ascoltarti con adorazione. ☐
B. Simula noia e gesticola, ma ti ascolta ridendo. ☐
C. Ti chiede di cambiare storia, quella ormai è davvero una noia mortale. ☐

12. Che opinione hanno di te i tuoi parenti?

A. Sei un tipo strano, incomprensibile. ☐
B. Sei un tipo volitivo, prepotente. ☐
C. Sei un tipo timido, sfuggente. ☐

Ora calcola il punteggio e saprai se sei sottomesso, altruista o egoista: 1. A=4, B=1, C=2; 2. A=2, B=1, C=4; 3. A=1, B=2, C=4; 4. A=2, B=1, C=4; 5. A=4, B=2, C=1; 6. A=4, B=1, C=2; 7. A=1, B=2, C=4; 8. A=2, B=4, C=1; 9. A=2, B=1, C=4; 10. A=1, B=4, C=2; 11. A=4, B=2, C=1; 12. A=2, B=4, C=1.

Da 12 a 20 punti

Più che altruista sei un vero tappetino. La tua partner sfrutta le tue debolezze per primeggiare. Sei così mite da subire tutto, ma la cosa interessante è che lo fai volentieri, non per obbligo ma proprio perché sei così di natura. Ti doni completamente alla tua partner e così facendo ti annulli in lei come se fosse la cosa più giusta. Però questo atteggiamento può rovinare i presupposti per una relazione alla pari dove ambedue i partner danno e ricevono. Non supporre di essere egoista solo perché talvolta desideri fare a modo tuo. Non è così. In un rapporto d'amore bisogna saper dare e ricevere, tienilo sempre presente. Se non riuscirai a capire questo, a lungo andare sentirai invidia e gelosia per la tua partner e questi sentimenti negativi avveleneranno per sempre la vostra storia.

Da 21 a 29 punti

Si può dire che hai un egoismo sano e che trovi sempre, tra le tue esigenze e quelle della tua compagna, i giusti compromessi per essere soddisfatti e felici entrambi. Cerchi i tuoi vantaggi senza che chi ti è vicino neppure se ne accorga o, quanto meno, senza che ne venga sfiorato o solo in parte influenzato. Quindi, non perdi mai di vista i desideri della tua partner ma, come già detto, sai bene ciò che vuoi e quel che non vuoi. Hai la capacità di cercare e trovare ciò che ti procura gioia e questo è un pregio che pochi hanno e riesci a tirare fuori una gioiosa spensieratezza che invade chi ti sta vicino. Quando la tua partner non vuole quel che tu desideri, o le circostanze sembrano contrarie alla realizzazione dei tuoi desideri, te ne accorgi subito e inizi allora a lavorare senza fartene accorgere con il tuo modo di fare convincente e, alla fine, le cose si realizzano proprio come avevi pensato e voluto tu.

Da 30 a 38 punti

È vero che tutti pensino a se stessi, ma tu lo fai molto più degli altri e, quindi, tendi a essere un po' egoista. Non te ne rendi conto perché tieni a bada il tuo egoismo, talvolta giustificato. Così, sei spesso in bilico tra la voglia di cedere ai tuoi bisogni e la coscienza sporca. Giocando a fare il modesto non andrai lontano. Cerca piuttosto di coltivare il talento e di evolverti verso un egoismo positivo. Se davvero dovessi mettere da parte i tuoi desideri a favore della tua partner, non saresti mai felice. L'egoista positivo è colui che realizza i propri desideri con accortezza e dolcezza senza prevaricare la partner. Con la tua spiccata sensibilità hai tutti i presupposti per divenire tale. Ancora più importante: sai con precisione che cosa va bene per te e che cosa no. Sai selezionare le cose che per te sono davvero importanti.

Da 39 a 48 punti

Non c'è speranza, sei proprio un egoista. Non conosci limiti e, quando sono in gioco i tuoi desideri, sei ferreo nell'affermare solo la tua volontà. Le persone che ti amano di cuore non sono tante. Chi non ti ama ti definisce un vero e proprio montato! Osservando il tuo modo di fare sembra che tu faccia parte di quelle persone del tutto indifferenti alle esigenze della propria compagna. Ma nonostante queste critiche c'è in te anche un lato positivo: sei sincero e fedele alla ricerca di te stesso. Ma se non metti a bada il tuo infinito egoismo, andrai incontro a molte delusioni e non ti sarà facile avere rapporti equilibrati.

Test 53

Misura la tua prontezza!

Rispondi velocemente alle domande qui di seguito. Molto velocemente mi raccomando!

1. Un egittologo sostiene di avere trovato monete antiche con inciso 55 a.C. Ha ragione?

2. Ci sono 17 pecore: muoiono tutte tranne nove. Quante ne rimangono?

3. Perché alcuni patrioti del Risorgimento portavano le bretelle tricolori?

4. In Germania un uomo può sposare la sorella della sua vedova?

5. Il 25 aprile esiste in Francia?

6. Cosa accadde il 25/12/1935?

7. Se hai in mano un fiammifero e sei in una stanza buia, che cosa accendi per primo: una lampada ad olio, una candela o che cos'altro?

8. Hai tre caramelle e ne mangi una ogni mezz'ora. Quanto ti durano?

9. Quante zampe ha un elefante? E se ne alza una?

10. Il padre di Giovanni ha tre figli: Qui, Quo e...

11. Se un metronotte viene ucciso di giorno, riceve la pensione?

12. Se punti la sveglia alle nove e vai a dormire alle otto, quante ore dormi?

Adesso leggi le risposte qui sotto, assegna un punto per ogni risposta giusta e poi valuta, con un poco di ironia.

Risposte e risultati:

0 Totalmente insufficiente.
1 Insufficiente.
2 Poco intelligente.
3 Molto poco intelligente!
4 Distratto.
5 Molto distratto.
6 Poco furbo.
7 Intelligente medio.
8 Intelligente.
9 Molto intelligente.
10 Dotato.
11 Molto, molto dotato!
12 Super dotato. Un alieno.

Ecco le risposte corrette: 1 No, come si poteva incidere "a.C." se Cristo non era ancora nato? **2.** Nove. **3.** Per reggere i pantaloni. **4.** No, essendo morto. **5.** Certo! Perché non dovrebbe? **6.** Era Natale. Ovvio! **7.** Il fiammifero. **8.** Un'ora. **9.** Sempre quattro. **10.** Giovanni. **11.** No, essendo morto. **12.** Una.

Test 54

Dimmi che colore ti piace e ti dirò chi sei

Ti piacciono i colori? Li hai mai contati tutti? Sono tanti, tantissimi e ognuno di loro è particolare e intenso. Ciascuno di essi ha un fascino misterioso, un significato psicologico e fisiologico e anche universale. E questo è così in ogni parte del mondo, per i bambini come per gli adulti, per gli uomini e per le donne, che siano della nostra o di un'altra cultura. Ciascuno di noi si sente vicino e predilige un colore in particolare. È sempre lo stesso, e in qualsiasi situazione o momento? Saremmo portati a pensarlo, ma in effetti il colore rispecchia solo un determinato stato d'animo in una particolare momento.

Scegli un colore: sarà lo specchio del tuo stato attuale!

A. **NERO** ☐
B. **BLU** ☐
C. **VERDE** ☐
D. **ROSSO** ☐
E. **GIALLO** ☐
F. **VIOLETTO** ☐
G. **ARANCIONE** ☐
H. **GRIGIO** ☐

A. NERO

Decisamente sei anticonformista! E anche un po' spregiudicato e stravagante. Nel tuo modo di vivere c'è sempre una forma di protesta e di ribellione: la libertà di essere ed esprimersi per quello che si è davvero è per te fondamentale. Le tue storie d'amore sono sempre un po' anticonvenzionali e contorte e a volte possono tendere anche all'infedeltà! Ma ti piace dare tutto te stesso con le tue intuizioni e la tua perspicacia al partner. Ti piace apparire enigmatico e misterioso, anche se questo, in fondo, è solo una maniera per difenderti dagli altri. Quando abbasserai le difese riuscirai anche a godere delle sfumature che la quotidianità, e una certa normalità, ti possono donare.

B. BLU

Chi sceglie il blu è pacato e prudente. È il colore dello stato d'animo rilassato. Guardando il cielo blu si eleva immediatamente lo spirito a un livello di pace profonda, il respiro si rilassa, il polso si quieta e l'ansia come per magia scompare. Sul piano mentale il blu stimola la sensibilità e trasporta verso lidi tranquilli. È permeato da un alone di amore celeste: è infatti il colore dei santi più vicini a Dio, che attraverso questa potente frequenza luminosa esprimono il loro attaccamento all'Altissimo. Ma è anche il simbolo dell'amore terreno (oltre al rosso), rappresentato dalla vicinanza dei corpi e delle menti. È il colore del mare e della gioia di vivere. Il carattere di chi ama il blu è gentile, tenero e sensibile. Apprezza gli animali e i bambini. Possiede grandezza d'animo e apprezza la sincerità. Ricerca i rapporti duraturi ed è attratto dal mistero profondo.

C. VERDE

È il colore della volontà e dell'azione tenace. Esprime fermezza, costanza e volontà di autoaffermazione. È associato a un temperamento austero e autoritario. Il verde corrisponde simbolicamente alle sequoie maestose, quindi a un temperamento austero e autoritario, alla corda tesa dell'arco. La sua percezione sensoriale è l'amarezza, il suo contenuto affettivo la fierezza. Il verde in quanto "tensione" agisce come una barriera dietro la quale l'eccitazione creata da stimoli esterni si accumula senza venire liberata, aumentando il sentimento di fierezza, di superiorità cosciente, di potenza, di dominazione sugli avvenimenti, o perlomeno la convinzione di poterli condurre e dirigere. Questo accumulo di stimoli conduce a differenti gradi di padronanza, intesa non soltanto come slancio che si giunge a padroneggiare, ma anche come chiarezza interiore, all'autocritica e alla consequenzialità logica. Chi preferisce il verde desidera veder dominare le proprie idee e di solito si mette su un piedistallo per imporle e ha la tendenza a giudicare gli altri. Vuole impressionare, ha bisogno di essere considerato, di fare a modo suo malgrado l'opposizione o la resistenza generali.

D. ROSSO

Il rosso indica uno stato fisico che genera e sprigiona energia. È associato all'accelerazione del polso, ai polmoni e agli stati di tensione. Esprime la forza vitale e l'attività nervosa, sottolinea il desiderio in tutte le sue forme: il bisogno di finalizzare i risultati per ottenere ciò che si desidera. Il soggetto desidera con avidità tutto quello che gli permette di vivere pienamente e intensamente. Il rosso sottolinea perciò la volontà spontanea e tutte le forme di vitalità e di forza, dalla capacità sessuale al desiderio di cambiamenti rivoluzionari. È uno slancio verso l'azione, lo sport, la lotta, la competizione, l'eroismo e la produttività. Il rosso è simbolo del sangue, della conquista, della fiamma che illumina lo spirito umano, un temperamento sanguigno. La sua percezione sensoriale è l'appetito, il suo contenuto affettivo il desiderio. Una certa spossatezza fisica e nervosa, dei problemi di cuore, l'impotenza e la perdita del desiderio sessuale accompagnano spesso il rifiuto del rosso. In termini temporali, il rosso è il presente.

E. GIALLO

Il giallo è il colore che ci rimanda al Sole e indica quindi un movimento di espansione. La scelta del giallo è ricerca del nuovo, del cambiamento, della liberazione dagli schemi. Il giallo si riflette, irradia, la sua è una gaiezza impalpabile. Chi sceglie il giallo manifesta una personalità aperta che indica rilassamento. Dal punto di vista psicologico, il rilassamento è una liberazione da tutti i problemi e difficoltà. È il simbolo del calore del sole, e la sua percezione sensoriale è il piccante, il suo contenuto affettivo una volatilità piena di speranza. A differenza di quella del rosso, l'attività del giallo è più incerta e tende a mancare di coerenza. Chi sceglie il giallo può essere un turbine di attività, ma non lo sarà mai in modo continuativo. La scelta di questo colore indica un bisogno di possesso e di speranza o l'attesa di una felicità più grande. Questo desiderio di felicità si manifesta in tutte le sue forme, dall'avventura sessuale alle filosofie illuminatrici ed è sempre indirizzato verso il futuro. Il giallo spinge in avanti, verso quel che non è ancora definito. Provoca il desiderio di trovare una via d'uscita che consente di rilassarsi, e rivela anche un suo lato superficiale: il gusto del cambiamento per il cambiamento, il desiderio di vivere altre esperienze. Come il verde, il giallo cerca l'importanza e la considerazione altrui, ma a differenza del verde, che è fiero e indipendente, il giallo non è mai in uno stato di riposo, ed è costantemente impegnato a perseguire le proprie ambizioni.

F. VIOLETTO

Possiedi una personalità ricca di pulsioni spirituali e di vita interiore. La tua strada potrebbe essere verso una vita mistica e di meditazione. A volte però tendi a non essere compreso appieno dalle persone che ti circondano e la realtà che vivi può esserne influenzata negativamente. Il tuo problema di fondo è quello di non sentirti compreso da chi ami e questo ti porta a degli stati di tensione nervosa, anche se non riesci a esprimerlo. Ma, se sciogli questo conflitto e abbandoni il bisogno di approvazione, troverai l'armonia e l'equilibrio che ti renderanno tutto più semplice e scorrevole.

G. ARANCIONE

Hai un carattere sensibile, gentile, allegro e solare. Di solito instauri un rapporto di grande estroversione e generosità nei confronti degli altri. La vita per te ha senso solo se basata su rapporti autentici di amicizia e di solidarietà. Ti concedi rare riflessioni, ma quando lo fai sono molto profonde e importanti per le tue scelte di vita.

H. GRIGIO

Il grigio è considerato un colore neutro. Un colore non colore, privo di stimoli tanto a livello psicologico quanto a livello fisico. Rappresenta tutto e nulla. Non è rivolto vero l'esterno né verso l'interno. È una zona franca di passaggio, un confine, piuttosto, che si estende tra luoghi diversi. Una terra di nessuno, una zona paludosa. Chi sceglie il grigio vuole alzare un muro tra sé e la realtà, vuole proteggersi dai sentimenti e dalle azioni. Non vuole farsi coinvolgere da nulla che lo possa ferire o interessare troppo. Tutto ciò che fa, lo fa meccanicamente e senza passione, anche se in apparenza sembra partecipe. È una persona che si mette da un lato e osserva. Tra il fare e lo strafare, sceglie il non fare niente.

Test 55

Sei fanatico di Internet?

Per te il www è una vera droga, oppure rappresenta un utile strumento di lavoro e di ricerca? Riesci ad andare in trance seguendo i *link* proposti dal tuo sito preferito e passare un intero pomeriggio trascurando il lavoro? Non segui come un tempo i programmi sportivi perché rimani inchiodato al computer in videoconferenza con agli amici di *chat*? Ti è già capitato di sentire battere le ore e scoprire che sono le tre di notte senza che te ne accorgessi? Stanchezza, apatia, depressione? Potresti aver preso uno degli Internet-virus. Adesso è tempo di fare una speciale verifica.

Quindi rispondi con onestà per capire se sei già assuefatto o puoi ancora reagire.

1. Click, collegamento effettuato, che cosa pensi...

A. Uno, la posta, due Jessica, tre Facebook... ☐
B. Strano, di solito a quest'ora non funziona. ☐
C. Ah, sì, la mail alla mamma! ☐

2. Tua sorella ha rotto la presa del *router*...

A. Le dici di tutto. ☐
B. Non importa, la ripari in un attimo. ☐
C. Oggi ti colleghi dall'ufficio. ☐

3. Ci sei già su Facebook?

A. Sì, è ovvio. Che razza di domande! ☐
B. Non ancora. ☐
C. Che cos'è di preciso? ☐

4. Chi ha "inventato" Internet?

A. Il Ministero della Difesa americano, lo sanno tutti! ☐
B. Forse gli americani. ☐
C. Ma è un'invenzione? ☐

5. Che cosa fai quando ti cade la connessione?

A. Dieci telefonate al gestore, insulti e minacce. ☐
B. Chiami la signorina del *call center*. ☐
C. In giornata, di sicuro, sistemano la linea. ☐

6. I tuoi amici hanno tutti la linea veloce...

A. Beati loro che hanno genitori previdenti. ☐
B. Il prossimo mese anche tu. ☐
C. Quel che hai ti è sufficiente. ☐

7. Lasci acceso anche di notte il PC?

A. Ovvio, sei sempre connesso. ☐
B. Ma no, ti ricolleghi al mattino. ☐
C. L'energia elettrica costa 0,18 euro al Kw/h! ☐

8. In ufficio quante volte ti hanno beccato su siti "sconvenienti"?

A. Spesso, ma tanto sei un dirigente. ☐
B. Qualche volta è capitato. ☐
C. Mai, proprio no. ☐

Ecco fatto, ora conta quante A, B e C hai spuntato, somma e conoscerai il tuo tasso di dipendenza da Internet.

Maggioranza di risposte A

Per te ci sono poche speranze di tornare a goderti la vita lontano dalla rete. Come tutte le innovazioni tecnologiche, Internet va usato con il dovuto buonsenso, per non rischiare di ripetere le assurdità dei telefoni cellulari, quando i ragazzi (perché gli adulti no?) si chiamano da un banco all'altro in classe. Rientra dunque nei ranghi finché sei in tempo e chiediti se per caso non stai trascurando gli aspetti fondamentali della vita al di fuori di Internet. La realtà non è soltanto quella virtuale!

Maggioranza di risposte B

Fai parte della maggioranza silenziosa, quella che considera la rete per quello che è: un fantastico sistema di comunicazione che ha prodotto cambiamenti inimmaginabili fino a vent'anni orsono. Sai cosa ti puoi aspettare da Internet e valorizzi di continuo le sue risorse. Anche se possiedi il *laptop* più sottile con *bluetooth* e *scanner* incorporati, hai il senso della misura ben sviluppato e non ti rendi ridicolo davanti ai figli chattando come un adolescente in piena tempesta ormonale. Come non applicheresti mai alla tua berlina uno *spoiler* supplementare, così consideri la rete come un modo per far crescere la tua attività e, perché no, anche te stesso.

Maggioranza di risposte C

Il piacere che ti dà la lettura del quotidiano al mattino non te la toglie nessuno. Almeno per ora. Probabilmente non hai ancora preso coscienza delle fantastiche potenzialità di Internet e per questo motivo rimani ai margini del mondo virtuale. Il consiglio per te è di imparare più in profondità quello che la rete può offrirti, per evitare di rimanere tagliato fuori dal business e dalle relazioni sociali. Poter spedire a tua madre le foto del battesimo del nipotino è certamente una cosa bella, che non ti tiene sveglio la notte e può regalare momenti di gioia inaspettati. Dai, non rimanere tagliato fuori dal giro!

Test 56

Quanta intelligenza emotiva hai?

Esiste una teoria secondo la quale, a parità di condizioni, la soluzione più semplice è la più probabile, ma esistono anche le eccezioni che confermano la regola.

Rispondi il più velocemente possibile, senza soffermarti troppo su ogni domanda chiedendoti se possa nascondere un tranello.
Poi leggi le soluzioni e scopri quali domande hai azzeccato, per darti una valutazione. Certo alcuni interrogativi nascondevano dei trabocchetti, ecco perché sorriderai nel leggere le risposte.
Mi raccomando, mantieni anche il buonumore nel leggere i profili!

1. Quanti animali portò con sé Mosè sull'arca per salvarli dal diluvio universale?

2. Vale di più un chilo di monete da 1 euro, oppure un etto di banconote da 5?

3. Quanti mesi hanno 28 giorni?

4. Chi ha ucciso il fratello di Caino?

5. C'è un uomo muto che deve comperare uno spazzolino da denti. Va dal negoziante, apre la bocca, compie il gesto di pulirsi i denti: si fa capire. Adesso c'è un uomo cieco che vuole comperare un paio di occhiali da sole. Come dovrebbe esprimersi, per ottenere ciò che desidera?

6. Qual era la più grande isola del mondo prima che l'Australia venisse scoperta?

7. Quanti francobolli da 2 centesimi ci sono in una dozzina?

8. Il treno viaggia a 60 km/h, l'auto a 120 km/h. Partono dallo stesso punto e arrivano alla stessa destinazione nello stesso tempo. È possibile?

9. Marco è piuttosto corpulento e il suo peso è di 90 kg, Luigi è invece molto magro. Chi pesa di più?

10. Quanti compleanni ha un uomo medio?

Da 0 a 3 risposte
O sei in prima elementare o sei davvero molto, molto distratto...

Da 4 a 7 risposte
Bene, hai capito lo spirito delle domande!

Da 8 a 10 risposte
Hai mai avuto il sospetto di essere un genio?

Risposte corrette: 1. Nessuno, perché l'Arca era di Noè. **2.** Un etto di banconote, le banconote hanno un peso più basso delle monete, per cui 100 g di banconote da 5 euro valgono molto più di 1 kg di monete da 1 euro. **3.** Tutti. Qualcuno ne ha anche di più, ma almeno 28 li hanno tutti. **4.** Non dirmi che hai risposto Abele! La risposta giusta è: Caino. Mi sa che sulle parentele proprio non ci siamo. **5.** Risposta lapalissiana, apre la bocca e dice: «Vorrei comperare un paio di occhiali da sole». È cieco, mica muto! **6.** Ma conosci la geografia? L'Australia, era sempre l'Australia! **7.** Risposta per geni matematici: in una dozzina ci sono dodici francobolli. **8.** Risposta possibile: sì, l'automobile viaggia per le strade e deve percorrere una distanza maggiore. **9.** Risposta logica: nessuno dei due, non ci sono abbastanza informazioni per sapere chi pesa di più. **10.** Risposta giusta: un uomo medio ha un solo compleanno (per anno!).

Test 57

Dimmi che cosa balli e ti dirò chi sei ♀

Il carattere ha molto a che fare con il tipo di musica e il ballo preferito. Hai dei dubbi in proposito? Tu che cosa preferisci ballare? Qual è il ritmo che ti manda su la pressione e ti fa dire «Questa sì che è vita!»? Oppure sei una persona che quando va in discoteca si siede, chiede un *drink* e guarda gli altri?

Scegli il tuo ballo preferito, tieni il tempo e medita a ritmo.

- A. **BALLO LENTO** ☐
- B. **DISCO** ☐
- C. **FOX-TROT** ☐
- D. **MI PIACE TUTTO** ☐
- E. **NON BALLI, MA TI PIACE LA MUSICA** ☐
- F. **ROCK** ☐
- G. **SAMBA** ☐
- H. **SIRTAKI** ☐
- I. **TANGO ARGENTINO** ☐
- L. **VALZER** ☐

Hai scelto? Bene! Ora ti conoscerai un po' di più...

A. BALLO LENTO

Sei davvero malata di sentimentalismo: vieni apprezzata per la tua spiccata sensibilità con cui riesci a capire sempre chi ti sta accanto. Tutti ti cercano quando c'è il bisogno di un'amica vera e forte, quale sei tu. Una vera persona disponibile e gentile!

B. DISCO

Sempre alla ricerca di conferme, ti senti sicura nel gruppo di amici, dai quali ti lasci influenzare sopra misura. Sai comunque mantenere la posizione in caso di necessità e la timidezza non è il tuo principale difetto. Un tipo abbastanza affidabile!

C. FOX-TROT

Sei una donna come ce n'erano una volta. Amante degli abiti rétro, ami farti corteggiare nella maniera classica, anche se sei consapevole di vivere fuori dal tempo. Saresti perfetta su una carrozza scoperta con tiro a due.

D. MI PIACE TUTTO

Golosa della vita, hai capito che non ci sono fallimenti se comunque impari la lezione. Sei dotata della necessaria flessibilità per fare bene!

E. NON BALLI, MA TI PIACE LA MUSICA

Probabilmente delusa negli affetti, vivi nel fantastico mondo che riesci a crearti quando vuoi isolarti per riflettere o per sognare.

F. ROCK

Sai entrare a tempo in ogni situazione. Decisa e sicura di te, utilizzi bene le tue conoscenze tecniche: potresti essere una programmatrice informatica perfetta. Meticolosa e prudente, prepari sempre con cura i tuoi lavori.

G. SAMBA

Allegra, anche a volte un po' fuori luogo, sai cogliere il lato buono in ogni avversità. Stai ben attenta a frequentare persone che condividono i tuoi stessi valori, per non rischiare di essere emarginata da chi vede la vita come una continua gara: per te è invece un bellissimo gioco.

H. SIRTAKI

Sei un animale che sta bene nel branco. Anche se non è da te l'atteggiamento passivo e consenziente. Sei fiera delle tue radici e non ti fa difetto la personalità che ti permette di esibirti senza inibizione.

I. TANGO ARGENTINO

Sanguigna di natura, alimenti la fiamma interiore eseguendo i complicati rituali dei *pamperos*. Sesso sì ma nell'intimità, anche se ti attira la sensualità altrui: un po' guardona forse? Spietata sì, ma ti piace farti guidare dalla persona forte che ti tieni accanto.

L. VALZER

Vivi fuori dal tempo, affascinata da un mondo di lusso e ricchezze. Passi ore nei centri estetici, per i quali sacrifichi buona parte della tua economia. Vanitosa al punto giusto, riesci a incantare i maschi edonisti come te!

Test 58

Tuo figlio fa parte di un "branco"?

Certo oggi non è facile essere adolescenti e spesso si rischiano pessimi incontri. Facendo queste domande a tuo figlio, potrai capire meglio chi frequenta e come si comporta quando dice di essere uscito con gli amici.

Considera 1 punto per ogni risposta sì e 0 per ogni no.

1. Tendi a razionalizzare o a trovare giustificazioni per tutto ciò che fa il gruppo anche quando va contro il tuo buonsenso?
2. Il tuo gruppo ha le sue parole tipiche, slogan, canti e preghiere?
3. I dubbi sono considerati una mancanza di lealtà verso il gruppo?
4. Le tue idee sono diventate "il nemico"?
5. Il tuo gruppo umilia o critica pubblicamente i suoi membri?
6. Il tuo gruppo pensa di essere perseguitato da altri gruppi o da gente di diversa cultura?
7. Ti ritrovi spesso a fare sempre più cose nel gruppo a causa delle pressioni esercitate, cose che non avresti fatto di tua iniziativa?
8. I membri del tuo gruppo si considerano un'élite esclusiva?
9. Ti succederà qualcosa di brutto se lasci il gruppo?
10. Ti senti colpevole se non partecipi agli incontri del gruppo?
11. Avverti spesso ira e rabbia contro il gruppo?

Ora somma le risposte che tuo figlio ti ha dato e se i sì sono più di sei intervieni con fermezza!

Test 59

Un vero boss o sottomessa? ♀

She's the boss era l'album di Mick Jagger con le storie delle sue fiamme: in parte vere dominatrici e in parte sottomesse dalla personalità del loro uomo. La tua carriera ti porta verso le vette della dirigenza o sei destinata al ruolo di semplice esecutrice, anche se precisa e molto coscienziosa? Nel momento delle decisioni fondamentali sei in grado di prendere in pugno la situazione o sei costretta a farti da parte e seguire il *leader*? Sei tenera e arrendevole o piuttosto salda come il dente di un alano? Insomma, ti sai far valere o ti riservi un futuro di accondiscendenza, perché tanto è inutile fare la voce grossa nella vita?

1. Prima di addormentarti che cosa preferisci:

A. Un capitolo de *Il principe e il povero.* ☐
B. La «Settimana enigmistica». ☐
C. «Eva Express». ☐

2. Hai passato una notte in bianco per il mal di denti:

A. Sei insofferente anche con il gatto. ☐
B. Ti addormenti sull'autobus. ☐
C. Resisti e tieni ugualmente la riunione di bilancio. ☐

3. La tua amica ti ha dato buca:

A. Le chiedi ragione con un SMS. ☐
B. La chiami alle sette di mattina. ☐
C. «Ma vai a quel paese!». ☐

4. Il solito caos nel trasporto pubblico:

A. Fino a quando si andrà avanti così? ☐
B. Prima o poi si troverà un modo di farlo funzionare. ☐
C. Meglio che sia liberalizzato e dato in mano ai privati. ☐

5. Hai prosciugato anzitempo il conto in banca:

A. Tiri la cinghia fino al 27 del mese. ☐
B. Chiedi al tuo fidanzato un prestito. ☐
C. Vai dal capo e gli chiedi un aumento. ☐

6. Ci sono in giro voci poco carine su di te:

A. Pensi: «Raglio d'asino non sale in cielo». ☐
B. Chiedi spiegazioni del pettegolezzo. ☐
C. Quando scopri chi è stato lo licenzi. ☐

7. L'ultimo fidanzato:

A. Troppo uguale a te nel carattere. ☐
B. Era meglio tuo fratello. ☐
C. Uno sporco maschilista. ☐

8. Hai da scegliere la vacanza:

A. Anche Rimini va bene con la persona giusta. ☐
B. Ibiza forse è accessibile alle tue tasche. ☐
C. Vuoi andare a Panama. ☐

Maggioranza di risposte A
Hai poco da spartire con i veri boss. Ma sei la compagna ideale per i maschi sicuri di sé, alla ricerca del complemento perfetto: li attrai come il miele le mosche. Ovvio che così soffri, dopo ogni storia d'amore finita, di sindrome del prigioniero. Prova a cambiare giro di amicizie.

Maggioranza di risposte B
Sei la persona giusta per tutte le stagioni. Hai buona personalità ma sai perfettamente che cosa significa la frase: «Vuoi avere ragione o essere felice?». Anche se spesso cerchi l'aiuto altrui, non ti senti incapace o sminuita. Chiedere è sempre lecito, nei limiti della buona educazione.

Maggioranza di risposte C
Saresti la compagna ideale per Bruce Willis. Attenta però in amore a non esagerare: gli uomini, si sa, apprezzano il lato debole della femminilità, e quando manca si sentono incompresi e scappano. Tieni comunque il pugno di ferro, ma mettici sopra un cuscino quando ti devi scaldare per prepararti all'attacco!

Test 60

Memoria e attenzione

Leggi molto attentamente il testo. Anzi, rileggilo tre volte ad alta voce. Poi copri il testo e rispondi alle domande. Per eseguire il test è necessario concentrarsi per bene!

La famiglia di Maria è formata da 5 persone: mamma Lucia, papà Marco e i due fratellini Andrea e Ludovico. Ludovico è il più piccolo ed è di 5 anni più giovane di Maria. A Ludovico piacciono i soldatini e così la mamma manda Andrea, che ha 10 anni, con 40 euro in un negozio di giocattoli a fare compere. Andrea compra tanti soldatini da 2 euro quanti sono gli anni di Ludovico e tante caramelle da 1 euro per lui e per la sua sorellina quanti sono i loro anni. Torna a casa con 1 euro di resto e così quella sera sono tutti contenti.

1. Come si chiama il papà di Maria?

2. Quanti euro ha dato la mamma ad Andrea per comprare i soldatini?

3. Come si chiama la mamma di Maria?

4. Quanti anni ha Ludovico?

5. Quante caramelle compra Andrea?

6. Di quale gioco si parla?

7. Quanti euro ha speso Andrea complessivamente?

8. Quanti anni ha Maria?

9. Quanti anni ha Andrea?

10. Quanti euro spende Andrea per comprare i soldatini?

11. Che cosa compra Andrea per il fratello Ludovico?

E ora: rileggi il testo, annota tutte le risposte esatte e guarda il profilo corrispondente.

Meno di 6 risposte
Iscriviti subito a un corso di formazione per l'ascolto efficace. Sei in pericolo nel mondo di oggi: la disattenzione è una brutta cosa!

Tra 7 e 10 risposte
Devi avere un atteggiamento più cauto quando esci di casa, è meglio!

Oltre 10 risposte
Complimenti: sei un tipo da assumere in azienda con incarichi di alta responsabilità!

Test 61

Dimmi che casa hai e ti dirò chi sei ♀

La tua casa, con mobili, oggetti e decorazioni varie, indica molto bene la tua personalità: impara a conoscerti meglio in base a com'è fatta la tua abitazione. Le tue pareti sono di un verde brillante? Hai una poltrona di modernariato in camera da letto? Tutto può servire per capire come sei veramente, e magari potresti avere sorprese, scoprendo perché ami tanto quel divano oppure il colore delle piastrelle della cucina o, ancora, perché hai deciso di restaurare da solo quel vecchio cassettone della nonna, trovato miracolosamente in solaio.

Ecco il test giusto per scoprire i lati più decorativi del tuo carattere!

1. Appena sveglia...

A. Ti prepari un buon caffè. ☐
B. Bevi un bicchiere d'acqua o una spremuta d'arancia. ☐
C. Ti giri dall'altra parte e ti rimetti a dormire. ☐

2. Com'è la casa dei tuoi sogni?

A. Un vecchio casale ristrutturato in collina. ☐
B. Una casa, grande, luminosa e funzionale al mare. ☐
C. Una casetta moderna, ma ecologica e autonoma. ☐

3. Anche se te lo regalasse la nonna preferita, non esporresti mai:

A. Un colosseo in ceramica che cambia colore con i *led* luminosi. ☐
B. Un divano dal design lineare ed essenziale. ☐
C. Riproduzioni di quadri famosi su plastica. ☐

4. In cucina: quale apparecchio salveresti da un incendio?

A. Il frullatore. ☐
B. La gelatiera. ☐
C. Il tostapane. ☐

5. Dove faresti un pisolino?

A. Su un comodo divano. ☐
B. Su un'ampia poltrona. ☐
C. Sul tuo letto. ☐

6. A che cosa non rinunci nella tua camera da letto?

A. A un buon profumo. ☐
B. All'illuminazione soffusa. ☐
C. A una miriade di cuscini sparsi qua e là. ☐

7. Quale stanza della casa ti piace di più riordinare al meglio e "coccolare"?

A. Il bagno: lo adori e lo tieni come un salotto. ☐
B. La cucina: è il tuo regno, il centro della casa. Cucinare è la tua passione! ☐
C. Il soggiorno: dev'essere sempre accogliente e caldo. ☐

8. Lo zio Luigi, prima di espatriare, ti ha lasciato tutti i suoi mobili antichi. Tu:

A. Tieni per te il meglio e regali il resto a parenti vari o li dai in beneficenza. ☐
B. Vendi tutto on-line. Sei sempre squattrinata e questa è un'occasione d'oro. ☐
C. Hai un bel box. Restauri qualcosa e metti via il resto. Potrebbero tornarti utili in futuro. ☐

9. C'è un po' di tensione con il tuo partner perché lui si oppone alla tua decisione di ridipingere le pareti di casa. Che tipo di colore scegli?

A. Rosa antico, che è così soave! ☐
B. Rosso mattone, che è così caldo e solare! ☐
C. Giallo tenue e ghiaccio, che sono così raffinati e delicati! ☐

10. Com'è fatta la tua sedia preferita?

A. In policarbonato e acciaio di design. ☐
B. Classica, in legno e giunco. ☐
C. Trovata al mercatino, certamente antica e da restaurare. ☐

11. È sabato sera. Mangi...

A. Una pietanza leggera prima di andare a ballare. ☐
B. Al giapponese con il tuo nuovo fidanzato. ☐
C. Cena con la famiglia, nella trattoria sotto casa. ☐

12. Come curi le tue piante...

A. Ci hai provato con tutte le tue forze, ma sono seccate proprio tutte. Che sia colpa del gatto? ☐
B. La tua casa sembra una vera giungla. ☐
C. Coltivi un po' di tutto con tanto amore, ma in modo speciale gli aromi per la tua cucina. ☐

Calcola il punteggio e leggi il risultato: 1. A=2, B=1, C=3; 2. A=2, B=3, C=1; 3. A=2, B=1, C=3; 4. A=1, B=3, C=2; 5. A=1, B=2, C=3; 6. A=2, B=3, C=1; 7. A=3, B=2, C=1; 8. A=2, B=3, C=1; 9. A=2, B=1, C=3; 10. A=3, B=1, C=2; 11. A=1, B=3, C=2; 12. A=3, B=1, C=2.

Fino a 15 punti: l'ambientalista entusiasta.
Alla base del tuo arredamento preferito si trovano oggetti apparentemente insignificanti: dal profumo inebriante dell'incenso che ti stuzzica le narici alla carta da parati stile antico che fa risaltare il tuo arredamento, ai cuscini ricoperti con pizzi all'uncinetto realizzati da te e ancora ai tappeti in fibra naturale... Ami la natura e la pulizia. Sei la classica "ragazza della porta accanto", sempre circondata da amiche e amici sinceri. Interpreti la vita con spirito e leggerezza e, con curiosità ed entusiasmo, sai godertela. Sei sempre alla ricerca di cose nuove e paesaggi mai visti, sempre pronta per un viaggio avventuroso ma senza particolari agi. Ti preoccupi dell'ambiente, cerchi di non fare sprechi: risparmi sull'acqua e la luce e sei a favore della raccolta differenziata. Vorresti sposare un uomo come te: ti piacciono gli uomini semplici, accomodanti, senza troppi problemi. Se gli piacciono lo sport e la natura, poi, è ancora meglio! Ma come tante donne romantiche hai un desiderio segreto: sposare un attore fantastico e fuggire con lui in un posto da favola.

Da 16 a 26 punti: la tradizionale nostalgica.
L'arredamento che ti piace è composto da mobili di famiglia, ritratti dei bisnonni nel corridoio, una cassapanca piena di bambole, la cu-

cina riempita di piatti "presi in prestito" alla mamma, la credenza della nonna nel soggiorno e il frigorifero antico, uno degli anni cinquanta, con il maniglione che campeggia in soggiorno come una scultura antica... In casa tua i mobili raccontano una storia e il tuo arredamento ha un'anima. Sei un tipo sentimentale, e fai fatica a tagliare il cordone ombelicale. Sei molto affezionata alla famiglia e ti impegni molto anche con gli amici. Ti piacciono i rapporti sinceri, le conversazioni profonde, e tieni alla larga le relazioni, anche di amicizia, superficiali. Ti piace ciò che è autentico e tutto il tuo contesto rispecchia questo atteggiamento. Nostalgica e sognatrice, conservi le foto e gli altri ricordi che testimoniano di ogni tappa della tua vita. Sei molto sensibile, ma a volte un po' troppo emotiva. Per quanto riguarda il tuo lato sentimentale, non ti piacciono le storie di una notte, preferisci le relazioni serie e durature. Evidentemente, il prescelto ha un senso della famiglia altamente sviluppato. Avrà saputo conquistare mamma, papà, zia e nonna. Sensibile, condivide i tuoi valori e non teme di impegnarsi sul serio! Infatti quello che desideri di più è una bella casa, un marito gentile, tre bambini e un labrador color miele. Sarà forse banale, ma è così rassicurante...

Da 27 a 36 punti: la modaiola raffinata.
Un frigo ultramoderno in alluminio coperto di calamite provenienti dai tuoi innumerevoli viaggi, che spicca in una cucina *high tech* che brilla e scintilla senza un segno di sugo né un granello di polvere. La poltrona design degli anni Settanta in mezzo al soggiorno e la raccolta completa di *Sex and The City* in lingua originale su uno scaffale, appena sopra l'enorme televisore al plasma ricevuto per Natale. Tutto perfettamente in ordine e al suo posto: il tipico ambiente della donna di classe e ricercata, che fa delle tendenze della moda il suo stile di vita. Ti lasci, infatti, spesso tentare dal richiamo degli stilisti più in voga. Ti piacciono i vestiti, il design e i ristoranti alla moda: adori il giapponese! Ti preoccupi del tuo stile e fai attenzione a vivere in modo sano. Sei molto organizzata, quasi maniacale, più passa il tempo e più diventi una donna super efficiente, quasi un robot e questo è il tuo limite. Cerca di rilassarti e pensa a trovare un uomo che sia al tempo stesso sicuro di sé, affascinante e abbastanza maturo per proteggerti e ascoltarti per ore, riuscendo a capirti davvero. Trova final-

mente l'uomo giusto che sappia amarti distruggendo la corazza di perfezione che ti sei costruita e che ti accetti così come sei, nella tua vera essenza di donna. Il tuo desiderio più nascosto è quello di possedere per sempre un corpo perfetto su cui il tempo sembri non lasciare segni, un attico lussuoso in una città tecnologica, un guardaroba infinito e l'uomo della tua vita; chissà, forse non resterà solo un sogno!

Test 62

Attento e veloce?

Un test in quattro domande rapide e ingannevoli che servono a capire se sei sveglio di mente e di apprendimento, cioè se sai capire al volo una situazione e se, nel caso di un errore, tu sia in grado di trarne la giusta lezione. Rispondi alle domande in sequenza e non avere fretta!

Ecco quattro domande molto facili:

A. **COME METTERESTI UNA GIRAFFA NEL FRIGORIFERO?**
B. **COME METTERESTI UN ELEFANTE NEL FRIGORIFERO?**
C. **IL RE LEONE STA PRESENZIANDO UN MEETING IN CUI SONO PRESENTI TUTTI GLI ANIMALI MENO UNO. QUALE?**
D. **DEVI ATTRAVERSARE UN FIUME E IL FIUME È ABITATO DA COCCODRILLI. COME TI COMPORTI?**

Rifletti e poi leggi le risposte.

Domanda A: apri il frigorifero, infili dentro la giraffa e richiudi. Indica la tua tendenza a complicare anche le cose più semplici e banali.

Domanda B: apri il frigorifero, togli la giraffa, metti dentro l'elefante e poi richiudi. Non è corretto aprire il frigorifero, infilare l'elefante e poi richiudere: per prima cosa devi togliere la giraffa! Serve per capire se sei in grado di prevedere le conseguenze delle tue azioni.

Domanda C: l'elefante che è nel frigorifero. Fornisce indicazioni sulla tua capacità di memorizzare.

Domanda D: lo attraversi a nuoto, tanto i coccodrilli non ci sono! Possibile che non ricordi che tutti gli abitanti della foresta sono al *meeting*? Serve per verificare se impari rapidamente dai tuoi errori: dopo aver letto le risposte alle prime tre domande, dovresti aver capito il gioco!

Test 63

Che tipo di decisioni prendi? ♂

Spesso scegliere può essere un compito molto difficile: non tutti infatti reagiscono allo stesso modo quando si trovano a un bivio. C'è chi reagisce in maniera positiva, senza particolari sussulti emotivi, c'è chi invece non sa che cosa fare e si perde in mille elucubrazioni e timori. C'è poi chi non sceglie per niente e lascia fare al destino. Ma che cosa porta gli individui a fare una scelta in un modo o nell'altro? Certamente concorrono il carattere e le abitudini personali cui tutti attingono in maggiore o minore misura. Ti piacerebbe conoscere perché compi determinate scelte?

Dunque, rispondi sinceramente a questo test e lo saprai!

1. Vuoi acquistare un regalo alla tua compagna:

A. Le fai un regalo utile, qualcosa che le occorre. ☐
B. Scegli un gioiello di sicuro effetto. ☐
C. Vai per negozi e chiedi aiuto a una commessa. ☐

2. Quando fantastichi, in che epoca ti piacerebbe rivivere?

A. Nel 2150, per vedere come si è evoluto il Pianeta. ☐
B. Nel passato. ☐
C. Sei felice di vivere nella tua epoca. ☐

3. Il tuo bambino si sveglia nel cuore della notte per un incubo:

A. Cerchi di rassicurarlo dicendogli che era solo un sogno. ☐
B. Lo porti a dormire con te. ☐
C. Lo coccoli fino a che non si riaddormenta. ☐

4. Quando pensi alla tua compagna, che cosa senti?

A. La certezza che lei ci sarà sempre. ☐

B. Amore e dolcezza. ☐
C. Sensualità e vitalità. ☐

5. Se ti capita di litigare, come ti comporti solitamente?

A. Sai usare bene le parole e le usi proprio per ferire, anche se spesso non credi a quello che dici. ☐
B. Ti senti soffocare e rischi di piangere. ☐
C. Diventi intrattabile e urli. ☐

6. Sei al ristorante e non sai che cosa scegliere...

A. Chiedi informazioni al cameriere. ☐
B. Ordini la tua pietanza preferita, sempre. ☐
C. Segui la gola. ☐

7. Prima di dormire a che cosa pensi?

A. Tutta la giornata ti scorre davanti agli occhi. ☐
B. Fai sogni a occhi aperti che ti fanno addormentare. ☐
C. Ti giri sul fianco e abbracci la tua compagna. ☐

8. Tua figlia si sveglia gridando di paura per un brutto sogno.

A. La calmi spiegandole che si tratta di un incubo. ☐
B. La porti a dormire nel lettone con te. ☐
C. Le stai vicino e le racconti una fiaba per farla dormire. ☐

9. Hai un'attrazione fatale per la migliore amica della tua compagna:

A. Cerchi di non incontrarla mai. ☐
B. Sei pieno di sensi di colpa, ma senti di volerla. ☐
C. Non sai fingere e si capisce subito. ☐

10. Il tuo garage è così pieno che: o lo riordini oppure l'auto sta fuori!

A. Metti tutto in ordine, ma non butti nulla. ☐
B. Butti qualcosa, ma tieni gli oggetti che ami. ☐
C. Tutto nel cassonetto, senza rimpianti! ☐

11. *Quale senso ti condiziona, entrando in una casa sconosciuta?*

A. La vista: ne osservi la luce e i colori. ☐

B. Il tatto: la consistenza dei legni e dei tessuti dell'arredamento. ☐

C. L'olfatto: senti gli odori che la impregnano. ☐

Maggioranza di risposte A: decidi con la testa.

Si nota in te la persona razionale, riflessiva e concreta. Se devi acquistare qualche cosa o fare una scelta importante, annoti su un foglio i pro e i contro e poi decidi a seconda delle risposte che dai. Non lasci nulla al caso, ma fai tesoro delle esperienze passate, cercando sempre di ottenere il massimo con la minima spesa possibile. Non ti fidi degli altri e devi essere sempre tu a cercare, chiedere, trovare e capire. I consigli non fanno per te. In questo modo però rischi di diventare un automa e uccidere tutta la tua istintività. Cerca invece di fare delle valutazioni come al solito e poi fai esattamente il contrario: movimenta la tua vita con un briciolo di pazzia!

Maggioranza di risposte B: decidi con il cuore.

Sei altruista, gentile, educato, paziente e sempre disposto ad aiutare il prossimo. Credi nell'amore per il tuo partner, la famiglia, i figli e gli amici. Solitamente decidi più con il cuore che con la mente, seguendo i tuoi principi di giustizia e correttezza. Qualunque cosa tu scelga di fare, la fai sempre rispettando gli altri e con la massima correttezza. Spesso ti sacrifichi per il tuo esagerato, diciamolo pure, senso di responsabilità. Quindi stai attento: certe volte scambi per dovere ciò che non lo è, e questo va a scapito delle tue reali necessità. È bene allora che tu cominci davvero a pensare un po' più a te stesso perché va bene amare il prossimo, ma anche pensare alle tue esigenze sarebbe una bella cosa!

Maggioranza di risposte C: decidi d'istinto.

Sei un istintivo che decide rapidamente seguendo le proprie intuizioni. E difficilmente sbagli. Il tuo modo di decidere visceralmente fa di te una persona sicura e senza pentimenti. Attento però ai colpi di testa e alla eccessiva impulsività, prova a riflettere per un momento prima di agire!

Test 64

Ti sai alimentare in modo corretto? ♀

«Dopo le feste mi sono ritrovata con un paio di chili in più» oppure «Da quando frequento Giorgio siamo quasi tutte le sere a cena fuori o da me a cucinare!» ed ecco qui, i chili aumentano! Sono situazioni fastidiose che tu stessa vivi o senti raccontare dalle amiche: non le cene col tuo amore, ma i chili in più! Certo, mantenere il peso forma non è proprio facile, ma neppure impossibile. La cosa fondamentale è nutrirsi in maniera equilibrata e sana, non dimenticando un minimo di esercizio fisico. Ma in che cosa consiste una sana alimentazione? Lo sai tu?

Rispondi a queste domande per metterti alla prova, ma cerca di essere sincera, mi raccomando!

1. Qual è l'alimento indispensabile per te?

A. Un frutto. ☐
B. Il condimento molto abbondante. ☐
C. Un dolce. ☐

2. Come vivi una dieta dimagrante?

A. Con determinazione, portandola a termine. ☐
B. Con poca costanza, trasgredendo dopo pochi giorni. ☐
C. La odi, soffri e ti intristisci. ☐

3. Che cosa mangi a prima colazione?

A. Yogurt, cereali e frutta. ☐
B. Bevi solo una tazzina di caffè. ☐
C. Un dolcetto e un cappuccino. ☐

4. Mentre guardi la televisione mangi:

A. Niente. ☐
B. Snack, patatine e arachidi. ☐
C. Cioccolatini e biscotti. ☐

5. Al supermercato, dove ti dirigi immediatamente?

A. Al reparto della frutta e verdura. ☐
B. Verso il banco della salumeria. ☐
C. La tua priorità è lo scaffale dei dolci. ☐

6. Se decidi di mangiare leggero, preferisci...

A. Un bel pesce grigliato con verdura cotta. ☐
B. Un'insalata con formaggio magro. ☐
C. Macedonia di frutta fresca con gelato. ☐

7. Mentre cucini, assaggi sempre le tue prelibatezze?

A. No. ☐
B. Sì. ☐
C. Solo a volte. ☐

8. Mentre prepari il pranzo la tua cucina che aspetto assume?

A. Comunque ordinata. ☐
B. Lievemente coatica. ☐
C. Da risistemare da cima a fondo! ☐

9. Il profumo dell'alimento cui non sai resistere...

A. Non hai preferenze in questo senso. ☐
B. Il profumo della carne sulla brace. ☐
C. Abiti vicino a una pasticceria artigianale... ☐

Calcola la maggioranza di risposte e leggi il tuo profilo!

Maggioranza di risposte A
Hai un'ottima cultura alimentare e sai che cosa può far male o bene a tavola. La vita sedentaria e la poca attività fisica potrebbero essere la ragione per la quale non riesci a perdere peso. In questo caso è consigliabile che ti iscriva in piscina o in palestra e che tu segua i consigli di un buon istruttore. Ma se il sovrappeso è consistente vuol dire che "predichi bene e razzoli male", quindi, rivolgiti a un dietologo che, dopo un accurato esame della tua conformazione fisica, dell'età e delle tue condizioni di salute, saprà consigliarti il giusto regime alimentare.

Maggioranza di risposte B

Il tuo principale errore è quello di pensare che solo i dolci o qualche altro alimento possano far ingrassare. Eliminare pane, pasta o dolci non significa dimagrire. Anche le insalatone, se condite con formaggi, wurstel o tonno all'olio, o piatti troppo ricchi di maionese hanno un effetto dannoso sulla linea. Tutti i giorni la dieta deve essere equilibrata e varia. Scegli cibi nutrienti e leggeri. Cerca di consumare frutta, carne, pesce, uova e formaggi freschi, per garantire l'apporto di proteine che permettono di bruciare meglio i grassi. Mangia pochi carboidrati, ma mantienili nella tua alimentazione e non abusare di salumi e fritti. Per condire a crudo utilizza l'olio extravergine di oliva ed evita il burro, specialmente cotto. Ovviamente calibra l'alimentazione alla tua attività motoria. Se non ce la fai da solo, consulta un esperto di nutrizione.

Maggioranza di risposte C

Dalle tue risposte risulta che sei un inguaribile goloso! Ed è forse questa la causa dell'incostanza e dell'insuccesso delle tue cure dimagranti. Se è vero che puoi sostituire un pasto con un gelato o un dolce, è altrettanto vero che questa deve costituire un'eccezione. Ogni giorno devi variare quello che mangi: almeno tre volte a settimana cucina del pesce alla griglia, non fritto! E fai uso di latticini meno grassi come la ricotta e lo stracchino. Il latte dev'essere parzialmente scremato, la pasta e il pane preferibilmente integrali: a parità di calorie saziano di più della pasta e del pane di grano duro. Se non sai resistere ai dolci, tieni in casa qualche biscotto privo di zucchero. Cerca di muoverti di più: se non ami la palestra, cammina di buon passo. Se usi i mezzi pubblici per andare al lavoro, scendi due fermate prima dalla tua meta e cammina fino all'ufficio. Se abiti al terzo piano o più in alto, fai almeno due piani di scale a piedi ogni volta che rientri a casa. Ma se proprio non ce la fai rivolgiti a un dietologo esperto: ci penserà lui a metterti in riga!

Test 65

Libera l'animale che c'è in te!

Fin dalla nascita sei stato dotato di libero arbitrio, certo durante l'infanzia hai avuto chi ti ha guidato e aiutato a diventare adulto, ma da quando sei diventato grande le tue scelte dipendono solo da te. Sei tu a decidere quel che vuoi essere, anche se spesso devi adeguarti al mondo esterno. E ti capita qualche volta di sognare e di desiderare di essere diverso, magari sotto forma di un animale. Grande, piccolo, mite o feroce.

Scegli tra questi l'animale che più ti piacerebbe essere.

A. **LEONE** ☐
B. **GHEPARDO** ☐
C. **ELEFANTE** ☐
D. **COCCODRILLO** ☐
E. **GAZZELLA** ☐
F. **PESCE ROSSO** ☐
G. **SCIMMIA** ☐
H. **SERPENTE** ☐
I. **ORSO** ☐
L. **AQUILA** ☐
M. **POLLO** ☐
N. **CAVALLO** ☐
O. **GATTO** ☐
P. **TOPO** ☐
Q. **CANE** ☐
R. **RAGNO** ☐

L'animale che hai scelto rappresenta ciò che ti piacerebbe essere, ciò che vorresti cambiare di te perché non ti riconosci in quel che sei, o la proiezione del tuo io intimo che non vuoi o non puoi confessare a nessuno.

Ora leggi con attenzione e avrai delle belle sorprese.

A. LEONE

Ti piacerebbe avere un carattere più forte e autoritario, ma sei convinto che ti manchi il coraggio per cambiare. Ti senti sfruttato dagli altri e vorresti porre rimedio a questo stato di cose. Sei stanco di dover obbedire a qualcuno (un datore di lavoro ottuso o una moglie petulante) ma per ora ne sei incapace perché temi di non essere in grado di studiare e mettere in pratica una vera strategia vincente. Come il leone si nasconde nell'erba della savana in attesa di tempi propizi, anche tu aspetti il momento giusto per la vittoria.

B. GHEPARDO

Sei passionale e ardente, ma non puoi dimostrare queste tue peculiarità al mondo pur desiderandolo molto. Vorresti anche essere libero e il tuo desiderio nascosto è quello di poterti imporre su chi cerca di schiacciarti sia in famiglia sia al lavoro. Hai voglia di goderti la vita senza freni né remore così come fa il ghepardo quando corre veloce a ghermire la sua preda. Se finora sei stato buono e bravo, ora hai deciso di fare emergere il felino che c'è in te e di diventare un po' più egoista, senza farti più sfruttare dai troppo furbi.

C. ELEFANTE

Sei profondamente insicuro di te, timido e fin troppo legato ai valori tradizionali di questa società. Valori che vorresti, almeno in parte, rimuovere dalla tua personalità. Ti senti debole e troppo pacato e questo ti rende nervoso, ma desideroso di reagire. Anche perché vorresti essere più forte perché i tuoi ideali ti spingono a combattere in difesa dei più deboli e il tuo desiderio più grande è quello di compiere l'impresa che ti farà lodare dal mondo intero. La cosa principale che puoi e devi fare per te è riacquistare fiducia nelle tue possibilità e nel tuo grande cuore.

D. COCCODRILLO

Hai voglia di cambiare, di ribaltare la tua vita da cima a fondo e sei quasi pronto anche se la tua pigrizia e la tua apparente sottomissione, che ti rendono indifferente a critiche e rimproveri, fanno continuamente slittare il momento della tua riscossa. Ma la tua apparente indifferenza non è altro che una maschera che copre la tua reale natura: sei colmo di risentimento e di desiderio di affermazione così come il coccodrillo ha una corazza, anche tu vorresti averne una che ti permettesse di affrontare il mondo.

E. GAZZELLA

Sei sentimentale, dolce e indifeso. Non ami il mondo caotico in cui vivi. Forse il luogo ideale dove vivere sarebbe per te un villaggio in campagna o un piccolo borgo in collina. La tua semplicità ti fa sentire parte della natura e non ti piace sprecare il tuo tempo correndo dietro a situazioni complicate. La tua dolcezza d'indole ti porta a desiderare la serenità di un bel rapporto d'amore con la persona che nei tuoi sogni hai costruito per te. Come la gazzella sei timido, ma sai anche percorrere il tuo mondo con una corsa leggiadra mentre rincorri il grande amore.

F. PESCE ROSSO

«Fermate il mondo! Voglio scendere!». Questo potrebbe essere il tuo motto: sei stanco, non ne puoi più. Hai mille impegni che ti opprimono e ti impediscono di vivere come vorresti. Hai davvero il desiderio di ritagliarti degli spazi tutti per te dove poterti svagare e riposare. Vedi gli altri che lo fanno e provi invidia. La tua necessità di aggiornamento continuo ti rende irrequieto e nevrotico, sei come il pesce rosso che nuota in tondo nella sua boccia senza poter smettere. Cerca di fermarti finché puoi.

G. SCIMMIA

Hai proprio voglia di cambiare vita: sei stanco del tuo perbenismo e di essere considerato una persona seria e riservata. Vorresti imparare a ridere e a scherzare, mentre invece il tuo pessimismo prende spesso il sopravvento e ti fa più grigio di quello che sei. Per fortuna ami il tuo lavoro e lo fai bene, con meticolosità e piacere: la tua occupazione è forse la tua ancora di salvezza. Però, come la scimmia, presto riuscirai a scuoterti di dosso il grigiore e affronterai la vita con allegria.

H. SERPENTE

Non è decisamente un bel momento per te. Sei rancoroso e ce l'hai con il mondo intero e con tutti, ma nemmeno sai quale sia il motivo vero di questo tuo modo di essere. Dovresti fare un bell'esame di coscienza non solo per capire dove hanno sbagliato gli altri, ma anche in che cosa hai sbagliato tu. Hai bisogno di ritrovare la tua serenità e il tuo buon umore. Ti senti incompreso, però non fai nulla per farti capire dagli altri. Sei chiuso e avvolto su te stesso come un enorme pitone, pronto a strangolare chiunque si avvicini a te. Cerca invece di aprirti al prossimo e liberati da tutte queste negatività altrimenti rischi seriamente di cadere in depressione.

I. ORSO

Hai voglia di calma interiore ed esteriore. Non desideri stare in mezzo alla gente e anche con il tuo partner non sono rose e fiori. Senti intorno a te un'atmosfera pesante che non sei capace di alleggerire. Eppure basterebbe un sorriso per sembrare più sereno e riconquistare la tua metà. Non fare come l'orso che si chiude in se stesso e nella sua caverna senza comunicare con nessuno, supera questa fase e starai meglio.

L. AQUILA

Desideri essere ciò che di meglio esista in ogni campo. Vuoi essere bello, interessante, intelligente e irresistibile. Hai tantissime idee da realizzare, ma sei incapace di trasformarle in realtà. Fondamentalmente hai paura di metterti in gioco e di perdere, la sconfitta ti terrorizza. Eppure vorresti visitare Paesi esotici e scoprire nuovi itinerari. Insomma da un "vorrei ma non posso" devi diventare un meraviglioso esemplare d'aquila capace di librarti in aria senza essere fermato da nessuno.

M. POLLO

Periodaccio negativo: senti sfuggire il controllo della tua vita. Ti senti sminuito tanto nel lavoro quanto negli affetti. Nessuno ti stima né ti rispetta. Tutti sono pronti a farti lo sgambetto e a scavalcarti con la massima disinvoltura. Perfino la sorte si accanisce contro di te: non riesci a portare a termine nulla di ciò che intraprendi, ma nel tuo intimo senti che qualcosa sta per accadere: bisogna cadere per risalire. E tu tornerai presto te stesso, aggressivo al punto giusto per difenderti.

N. CAVALLO

Devi imparare a far seguire la pratica alla teoria, l'azione al pensiero ed essere perseverante. Smetti di essere passivo e comincia a recuperare energia e la voglia di fare che sono diminuite in modo allarmante. Smetti di ponderare le cosa in modo eccessivo: a furia di farti domande vedrai le buone occasioni passarti davanti e non sarai in grado di coglierle. Cerca invece di fare come un agile purosangue che sfreccia veloce e salta gli ostacoli per giungere sicuro alla meta.

O. GATTO

Se hai scelto questo felino casalingo, nottambulo, misterioso e affascinante, vuol dire che ti senti pronto a fare il grande balzo. Hai voglia di abbandonare il nido e di realizzarti sotto tutti i punti di vista.

Desideri sottolineare la tua indipendenza, ma anche trovare l'amore della tua vita. Vuoi essere amato, darti ai piaceri del sesso senza pudore alcuno. Vuoi vivere la tua vita giorno per giorno senza scrupoli. Così come un bel gattone, vuoi farti accarezzare, blandire e coccolare da mani dolci.

P. TOPO

Una testa piena di idee che però può sembrare vuota. Tendi infatti a fare tue le opinioni altrui e manchi completamente di senso critico. Vorresti essere più calmo e controllato, ma proprio non ci riesci. Il sangue freddo è uno dei tuoi obiettivi, ma è proprio irraggiungibile. Come il topolino bianco che nella ruota perpetua della sua gabbietta continua a correre senza mai arrivare da nessuna parte, anche tu ti agiti a vuoto. Cerca di cambiare prima di diventare vittima di te stesso.

Q. CANE

Ti piacerebbe trovare un punto fermo nella tua vita, ma da troppo tempo sei abbandonato a te stesso: ti senti solo e vorresti trovare una guida, un amico o un amore purché deciso a starti vicino e a darti buoni consigli. Ma davvero vuoi accettare i suoi consigli? O sei piuttosto come un cane randagio talmente abituato alla solitudine da non poter accettare più un padrone?

R. RAGNO

Vorresti essere al centro del mondo: un mondo perfetto creato da te dove il tuo partner è sempre pronto ai tuoi voleri. Sembri innamorato e pronto a tutto, ma in realtà sei possessivo, egoista e deciso solo a prendere. Sei anche confuso e incapace di essere lucido. Somigli al ragno che tesse la sua tela e vi invischia la preda per farla soffocare.

Test 66

Che milionaria potresti essere? ♀

Certo ci sono tante donne fortunate che nascono in una Rolls Royce e con un conto in banca ricchissimo fin da piccole. Si tratta delle donne nate "bene", in famiglie altolocate e invidiabili. Ci sono anche ragazze che si creano la loro fortuna con il lavoro e l'intelligenza, altre con il talento e le capacità artistiche. Immaginati milionaria e fai il test: scopri se saresti una ricca "predestinata", viziata e magari annoiata dal lusso, o una ricca che si è fatta da sé, padrona delle proprie fortune!

Scoprilo rispondendo alle domande di questo divertente test!

1. Fantastico e sublime: hai solo trent'anni e hai vinto ben 30 milioni di euro alla lotteria! Che spese fai non appena ti arrivano i soldi?

A. Vai in una banca sicura, chiedi del direttore e concordi con lui come far fruttare al meglio il tuo capitale. ☐

B. Finisci di pagare il mutuo della casa dei tuoi, offri un viaggio di studio a tuo fratello e parti per i Caraibi. ☐

C. Comperi una villa a Cap d'Antibes, una Porsche, una borsetta Kelly e altre futilità. ☐

2. Da bambina avevi un sogno:

A. Ti sarebbe piaciuto volare come Peter Pan. ☐

B. Volevi avere un bel cane per giocare con lui. ☐

C. Che bello se la mamma avesse avuto una pasticceria: tantissimi dolci gratis! ☐

3. Decidi che non è giusto godersi tanti soldi senza fare del bene, oltretutto la beneficenza si può detrarre dalle tasse, quindi, fai bene a te stessa oltre che agli altri. Perciò decidi di donare qualche migliaio di euro a:

A. Al FABTBPCD, il Fondo di Aiuto ai Barboncini Toy Bianchi Privi di Collare di Diamanti. ☐

B. Alla LPDGMSC, La Lega Per la Difesa dei Giovani Milionari Scapoli non Catturabili. ☐
C. Alla LPVBEN, Lega per la Protezione della Veridicità delle Bionde Esclusivamente Naturali. ☐

4. Finalmente un invito a cena! Chi è il fortunato mortale?

A. Fox Mulder, di *X-files*: il più affascinante agente dell'FBI mai visto in TV: bello, intelligente e colto. ☐
B. Il giovane Superman: muscoli d'acciaio e cuore tenero. Un bel ragazzone vitaminizzato ma molto, molto, sexy. ☐
C. Il Dr. House: affascinante e cinico. Sarà bello farlo capitolare, davanti a una coppa di champagne. ☐

5. Hai un paio d'ore libere: che cosa fai?

A. Di sicuro guardi *Ballando con le stelle,* il tuo programma cult: bei vestiti, bei ragazzi, bella musica. ☐
B. Ti spari tre episodi registrati del telefilm che preferisci: *Desperate Housewives.* ☐
C. Un bel solitario con le carte: quello che ti ha insegnato la nonna, difficilissimo. ☐

6. Vai davvero fuori di testa se:

A. Vai in discoteca e una ragazza qualunque indossa il tuo stesso vestito firmatissimo. ☐
B. Sei a un congresso di "cervelloni" e non riesci a prendere la parola. ☐
C. Ti si smagnetizza la carta di credito. ☐

7. Lavori nello stesso posto da oltre quattro anni e la promozione non si vede ancora. Che cosa fai?

A. Aspetti e vai avanti con grande pazienza. Prima o poi arriverà. ☐
B. Vai dal tuo capo con un regalo di compleanno, lo lusinghi un po' e glielo chiedi. ☐
C. Decidi di andare dal capo del personale a fare una scenata, se non cedono ti licenzi. ☐

8. La tua casa ideale sarebbe:

A. Una villa enorme a Capri. ☐

B. Un superattico con terrazzo e piscina in piazza Navona a Roma. ☐

C. Un appartamento in centro a Milano. ☐

9. Accipicchia, guarda là Paris Hilton che va a fare la spesa. Ma sì, è davvero lei, sta pagando alla cassa del supermercato! Che cosa pensi?

A. Però, che spesa perfetta! Frutta, verdura e pesce... ☐

B. Certo potresti farle una foto, me la pagherebbero bene, ma se poi ti cita per violazione della privacy? ☐

C. Ma che carina anche lei tra noi poveri e comuni mortali! Possibile che non abbia un maggiordomo che le porti le borse? ☐

Eccoti giunta alla fine di questo test da sognatrice, ora calcola il punteggio e leggi il profilo: 1. A=1, B=2, C=3; 2. A=3, B=1, C=2; 3. A=3, B=1, C=2; 4. A=1, B=3, C=2; 5. A=3, B=1, C=2; 6. A=3, B=1, C=2; 7. A=1, B=3, C=2; 8. A=2, B=3, C=1; 9. A=1, B=2, C=3.

Fino a 10 punti: la manager.

Il tuo modello è senza dubbio una grande e famosa cantante o un'attrice superpagata. Ammiri la loro forza e la loro preparazione tanto come artiste quanto come manager di se stesse. Potresti amare in modo particolare Angelina Jolie che si è fatta da sola. Figlia di un noto attore, John Voight, ha superato la fama del padre con innumerevoli film di successo che l'hanno resa ricca grazie anche agli oculati investimenti fatti e all'ottima unione con Brad Pitt. Ma Angelina non è diventata una ricca e arida donna d'affari, bensì una tenera donna d'affari che si occupa dei suoi figli adottati e naturali, e di tanti bambini nel mondo che aiuta con forti somme di denaro. Potresti anche "amare" Madonna, una donna che ha saputo anch'essa crearsi dal nulla pur non avendo, parliamoci chiaro, una gran voce. Ne ammiri lo stile e il coraggio, nonché l'ambizione che le ha fatto fare sempre scelte perfette fin da giovanissima, quando cantava *Like a virgin.* Ora è cresciuta e oltre a essere cantante è anche autrice, attrice e produttrice. Quindi molto probabilmente anche tu sei come lei: volitiva e con le idee chiare, forse un po' spietata ed egocentrica. Però tutto questo ti crea ansia e non ti permette di vivere serenamente neppure le tue storie d'amore. Con te anche una semplice avventura può diventare un'attrazione fatale! Cerca allora di essere meno egoista e preoccupati un po' di chi ti sta intorno. Fai del volontariato, magari aiutando i bambini negli ospedali e facendoli divertire in modo che sorridano anche loro. Impara a essere una donna d'affari di successo, ma con un cuore grande, e vedrai che non resterai mai a corto di idee vincenti!

Da 10 a 18 punti: la sgobbona.
Potresti ispirarti a Stephenie Meyer, l'autrice della saga di *Twilight*, il cui primo libro è stato pubblicato nel 2005 negli Stati Uniti e nel 2006 in Italia. È la storia di una famiglia di vampiri che ha ispirato anche un film uscito nelle nostre sale nel novembre 2008. Possiamo definire questa giovane autrice una vera rivelazione, amata dai giovani così come dai genitori, che sta eguagliando il successo di Joanne Kathleen Rowling, l'indiscussa regina degli incassi editoriali con i romanzi che hanno come protagonista Harry Potter, il giovane mago. Anche lei ha saputo lavorare seriamente e senza sosta per raggiungere il successo. Da povera donna senza un penny, cacciata di casa dal marito a milionaria in sterline. Un bell'esempio, non c'è che dire! E se anche tu sei come lei significa che non ti fai abbattere dalle circostanze, anzi se incontri delle avversità queste ti fanno diventare sempre più forte! Hai le idee sempre chiare e sai che cosa vuoi ottenere. Qualunque attività intraprendi, lo fai con serietà e cerchi di ottenere il massimo da te e da chi ti circonda. Brava! Nessuno ti può fermare anche perché non hai punti deboli. Però corri un rischio: quello di trasformarti in una macchina per fare soldi robotizzata! Ogni tanto lasciati andare, sogna e realizza qualche desiderio leggero. Fai un viaggio di piacere, rilassati e trovati un fidanzato, vedrai che la vita ti sembrerà molto più appagante.

Da 19 a 27 punti: la nata ricca.
Il tuo modello è Ivanka Trump considerata oltre che la più ricca ereditiera del mondo anche la più carina, attestandosi assai più in alto in classifica rispetto a Paris Hilton che è senza dubbio molto più conosciuta di lei. Comunque Ivanka è figlia del magnate americano Donald, uomo ricchissimo e spesso al centro di pettegolezzi negli anni scorsi. La figlia invece è assai più saggia, anche della madre, poiché si è laureata con lode alla University of Pennsylvania, ha fatto la

modella e ora è vicepresidente della grande agenzia immobiliare in mano alla società del padre Trump Organization. Mica male per una ventiquattrenne. Paris, invece, è nota più per le sue bizzarrie che per i suoi guadagni o i suoi studi, tanto è vero che il nonno l'ha diseredata, lasciandole un minimo assegno mensile. Se ti sembra di somigliarle vuol dire che, oltre a sembrare senza esserlo un'oca bionda, sei dotata per le pubbliche relazioni e ti sai vendere benissimo, seducendo il tuo interlocutore. La faccia tosta non ti manca e sei una donna solare. Attenta però alla pigrizia e alla mancanza di idee tue, potresti perdere terreno facilmente; impara a impegnarti seriamente, magari tralasciando particolari inutili ed essendo più concreta. Cerca di impegnarti in un progetto a lungo termine, sia esso un lavoro o un amore.

Test 67

Quanta invidia hai per Valeria Golino? ♀

Come ti sentiresti con un fidanzato più giovane di te? Come Valeria Golino che si dice pronta a sposare il suo Riccardo Scamarcio oppure ti vergogneresti al punto di non uscire di casa? Mettiti alla prova.

1. Sei all'ufficio postale. Come al solito è pieno di pensionati che ritirano la pensione. Involontariamente scontri l'unico bel ragazzo della fila...

A. Diventi subito rossa e ti scusi con lui. ☐

B. Lo insulti malamente perché sostieni che il suo piede è finito sotto il tuo! ☐

2. Incontri il tuo migliore amico con una signora leggermente attempata...

A. Non batti ciglio, ma appena puoi gli spieghi che davvero non stanno bene insieme. ☐

B. Li guardi con rabbia, se pensi che non ci hai mai provato perché lui è più giovane di te! ☐

3. Da qualche settimana ti arrivano telefonate mute. Vieni a sapere che il misterioso uomo che telefona è il tuo giovane vicino di casa...

A. Eviti come al solito di incontrarlo e fai finta di nulla. ☐

B. Fai di tutto per salire con lui in ascensore e lo inviti a casa tua per un caffè. ☐

4. Finalmente ti sei decisa e hai accettato di stare con lui che ha cinque anni meno di te. Come ti comporti se qualcuno parla di età?

A. Non ne parli mai, anzi svii il discorso. ☐

B. Non te ne importa proprio nulla, anche perché lui ne dimostra più di te! ☐

5. Se un uomo ti corteggia e vuole avere una relazione con te, che cosa gli chiedi per conoscerlo meglio?

A. Veramente, non fai domande per evitare risposte imbarazzanti. ☐

B. Gli chiedi quale sia la sua musica preferita o che genere di film prediliga, senza fare cenni al passato. ☐

6. Il tuo adorato amore ha deciso di presentarti a tutta la famiglia...

A. Accetti di buon grado, ma ti trucchi e vesti in modo da sembrare molto più giovane. ☐
B. Rifiuti di andare, vuoi evitare un confronto con la madre che ha pochissimi anni più di te. ☐

7. Quale di queste coppie preferisci?

A. Antonella Clerici e Eddy Martens. ☐
B. Elisabetta Gregoraci e Flavio Briatore. ☐

8. Stai per compiere 45 anni e lui ne ha dieci di meno:

A. È ora di lasciarlo: è troppo anziano. ☐
B. Decido di andare a fare una vacanza di bellezza a Ischia. ☐

Eccoti giunta alla fine di questo test da sognatrice, ora calcola bene il punteggio e leggi il risultato: 1. A=5, B=2; 2. A=2, B=5; 3. A=2, B=5; 4. A=2, B=5; 5. A=2, B=5; 6. A=2, B=5; 7. A=5, B=2; 8. A=2, B=5.

Fino a 20 punti
Valeria Golino, Antonella Clerici e le altre per te sono dei casi strani. Non riusciresti mai e poi mai a uscire con un ragazzo della tua età, figuriamoci con uno tanto più giovane.

Da 21 a 30 punti
Che sia più giovane o più vecchio, non ti importa: a te basta che ci sia l'amore e che sia sincero. Quando c'è l'amore c'è tutto! E tu sei felice così: chi si accontenta gode!

Oltre 31 punti
Ami l'amore, la forza che ti dà e l'energia che riesci a trarne giorno per giorno. Quindi, se il tuo amore è più giovane di te ben venga! Con lui puoi ballare, correre e divertirti alla faccia delle amiche, vere o false che siano, che ti guardano e restano lì, con un palmo di naso!

Test 68

Scopri qual è il cane più adatto a te

Ogni cane assomiglia al proprio padrone e ogni padrone al proprio animale domestico. Quale cane si adatta meglio alle tue esigenze?

Rispondi a queste brevi domande e scoprilo!

1. Che tipo di casa hai?

A. Appartamento. ☐
B. Una casa piccola. ☐
C. Una casa grande. ☐

2. In che zona vivi?

A. Città. ☐
B. Campagna. ☐
C. Periferia o piccola città. ☐

3. Che dimensioni ha il tuo giardino o lo spazio dove porteresti il cane?

A. Piccolo. ☐
B. Medio. ☐
C. Grande. ☐

4. Quanto tempo al giorno potresti dedicargli per portarlo fuori?

A. Meno di 30 minuti. ☐
B. Da 30 minuti a 1 ora. ☐
C. Più di 1 ora. ☐

5. Di che taglia vorresti che fosse il tuo cane?

A. Piccola. ☐
B. Media. ☐
C. Grande. ☐

6. Il tuo cane avrà contatti con bambini o ragazzi sotto i 16 anni?

A. Sì. ☐

B. Talvolta. ☐
C. No. ☐

7. Che tipo di pelo preferisci?

A. Corto. ☐
B. Medio. ☐
C. Lungo. ☐

8. Hai mai avuto un cane prima?

A. No. ☐
B. Sì. ☐
C. Molti. ☐

Ciascuno è libero di scegliere il cane che preferisce, ma ricordiamo anche che i canili sono pieni di creature bisognose di essere adottate e che aspettano un padrone!

Calcola la maggioranza di risposte e leggi il tuo profilo.

Maggioranza di risposte A
Se hai scelto le risposte A, appartieni alla schiera dei cinefili cittadini che vivono in un appartamento piccolo, ma non vogliono rinunciare al piacere di un cane e gradiscono che i loro figli crescano in buona compagnia. Un cane di taglia piccola a pelo raso è una soluzione perfetta. Le razze consigliabili sono: carlino, pinscher, bassotto, piccolo levriere italiano.

Maggioranza di risposte B
Se hai scelto le risposte B, vuol dire che hai un po' più di spazio, hai avuto già a che fare con i cani e i tuoi figli grandicelli si possono occupare del loro amico peloso. In questo caso ci sono molti più cagnolini da prendere in considerazione come il barbone, il cocker, il fox terrier, il lagotto e il breton oppure il gioviale boxer a pelo raso dal buon carattere.

Maggioranza di risposte C
Sei senza dubbio un esperto e potresti avere qualsiasi cane, ma se ami le taglie grandi e a pelo lungo, allora il pastore tedesco, il fulvo setter irlandese e il maremmano fanno al caso tuo.

Test 69

Fata o strega? ♀

Se ami il mondo della fantasia, ecco il test che fa per te! In ciascuna di voi è presente una fata: assomiglia di più alla misteriosa Morgana o alla crudele Grimilde? E non solo il carattere, ma anche le somiglianze fisiche possono dire qualcosa... Potrebbe catturarti o affascinarti l'onestà di re Artù o la saggezza di mago Merlino, o magari potresti scoprire che, in fondo, non sei tanto diversa dalla matrigna di Biancaneve!

Avanti, dunque: rispondi d'istinto, segna le risposte e poi controlla il punteggio.

1. Quale dei cinque sensi preferisci?

A. Il gusto. ☐
B. Tutti e cinque! ☐
C. Il sesto senso. ☐

2. La cosa più gradevole al tatto?

A. La pelle morbida. ☐
B. Tutto ciò che è vellutato e soffice come il pelo degli animali. ☐
C. Il ruvido contatto con la sabbia. ☐

3. Quale supereroina preferisci?

A. Wonder Woman. ☐
B. Eva Kant. ☐
C. Sailor Moon. ☐

4. Il tuo sapore preferito?

A. Cioccolato. ☐
B. Fragole. ☐
C. Spumante. ☐

5. La tua serata ideale:

A. Chitarra in mano, falò e canzoni da cantare! ☐
B. Una cena in casa e dopo un tranquillo giro per le vie della città. ☐
C. Una serata in discoteca con gli amici, per ballare e divertirsi fino al mattino. ☐

6. Quale tra questi suoni preferisci?

A. La suoneria personalizzata sul cellulare quando ti chiama il tuo fidanzato. ☐
B. La musica del bosco, il canto degli uccelli e il vento tra gli alberi. ☐
C. Le canzoni ascoltate alla radio che ti fanno compagnia durante la giornata. ☐

7. Chiudi gli occhi e immagina una splendida veduta...

A. Un tramonto coloratissimo in riva al mare. ☐
B. Una grande metropoli vista dall'aereo. ☐
C. Un paesaggio notturno ricco di stelle nel deserto. ☐

8. Quale fumetto preferisci?

A. Bia, la strega della magia. ☐
B. Dylan Dog. ☐
C. Capitan Harlock. ☐

9. Quale "potere" vorresti avere?

A. La capacità di leggere il pensiero. ☐
B. Viaggiare nel tempo. ☐
C. Capire il linguaggio degli animali. ☐

10. Qual è il tuo profumo preferito?

A. Quello intenso delle rose. ☐
B. Quello particolare della vaniglia. ☐
C. Quello pungente della mirra. ☐

11. Quale di queste qualità possiedi o vorresti avere?

A. Creatività. ☐

B. L'essere misteriosa. ☐
C. Sensualità. ☐

12. Quale tra questi fiori sceglieresti?

A. Un fiore di ciliegio. ☐
B. Un giglio. ☐
C. Un grande girasole. ☐

13. La tua fiaba preferita è...

A. Biancaneve. ☐
B. Alice nel Paese delle meraviglie. ☐
C. Il gatto con gli stivali. ☐

Eccoti arrivata alla fine del test, ora calcola il punteggio e leggi il risultato: 1. A=1, B=2, C=3; 2. A=1, B=3, C=2; 3. A=3, B=2, C=1; 4. A=1, B=2, C=3; 5. A=2, B=1, C=3; 6. A=1, B=3, C=2; 7. A=3, B=1, C=2; 8. A=3, B=2, C=1; 9. A=3, B=2, C=1; 10. A=3, B=2, C=1; 11. A=2, B=1, C=3; 12. A=2, B=3, C=1; 13. A=1, B=3, C=2; 14. A=3, B=1, C=2.

Fino a 31 punti
Cocciuta e sempre rivolta verso gli altri, ti ostini a credere a tutto ciò che è nascosto da un velo di fascino e di mistero. Sei attratta dal mondo fantastico proprio come Morgana: forte e determinata, ma sotto sotto anche fragile e sensibile. Per te bisogna rischiare, sempre, e godersi la vita in tutte le sue manifestazioni. I cinque sensi sono tutto per te, ma sei dotata anche di un sesto senso vigile e attento, che il più delle volte non ti tradisce. Ami l'arte e hai uno spiccato senso estetico. Ma la tua caratteristica più evidente è la passione con cui affronti le situazioni e i rapporti, siano essi d'amore o d'amicizia. Se vieni tradita in questi sentimenti per te è la fine, e un senso di smarrimento si impossessa di te e ti annienta, come la più tremenda delle pozioni magiche!

Da 23 a 30 punti
La tua è una personalità controversa, fatta di luci, ombre e forti contrasti. Sei attratta dal lato magico del mondo, e a volte lo subisci lasciandoti incantare. Ma dentro di te c'è anche il lato oscuro, ombroso e un po' maligno, proprio come la maga Grimilde. Profonda, imprevedibile e troppo complicata per gli altri, spesso sei costretta a rifugiarti in te stes-

sa, correndo il rischio di perderti nei pensieri e di rimuginare troppo. Vivi un rapporto intenso e armonioso con la natura e gli animali, con cui spesso ti sembra di essere più in sintonia rispetto agli esseri umani. Ma le persone che ti sono a fianco e che ti conoscono veramente sanno apprezzarti e ti amano anche per questo tuo lato sfuggente.

Meno di 22 punti

Né Morgana né Grimilde: questi personaggi fatati sono anche datati per te! La magia e il mistero ti appartengono, ma li vivi appieno nel mondo attuale e reale, senza troppe concessioni alla fantasia. Sei una fata moderna, attratta più dalle luci psichedeliche di un night che dal riflesso della luna sulle acque di un lago. Questo non significa che disprezzi il romanticismo, anzi: ti appartengono una forte intensità dei sentimenti e un grande altruismo. Non ti lasci scoprire facilmente né dal partner né dagli amici, ma il tuo fascino di donna capace di conciliare pragmatismo e idealismo saprà attrarre moltissimi uomini forti e d'altri tempi.

Test 70

Un amore di torta ♀

Sei golosa? Ma di che cosa sei davvero golosa? Su, non essere timida e ammetti il tuo peccato. Scegli la tua torta preferita e scopri davvero come sei negli affari più dolci, quelli di cuore!

1. Bavarese

Cremosa e sempre pronta: per te l'amore è uno dei piaceri della vita cui non vuoi rinunciare. E l'erotismo che ti contraddistingue è molto evidente!

2. Cassata siciliana

Sei complessa e difficile da soddisfare perché vuoi sempre il meglio. Ti piace l'amore atletico e movimentato. Insomma il tuo è un sangue *caliente*: focosa, passionale e possessiva. Ma attenta a non esagerare con la gelosia, il tuo amore potrebbe scappare a gambe levate!

3. Cheese cake

Il tuo autocontrollo e la tua flemma con l'altro sesso sono *very british.* Difficilmente ti fai trasportare dalla sensualità. Attenta, il tuo partner potrebbe andare a scaldarsi altrove!

4. Torta di frutta

Sei la fedeltà fatta persona e il tuo uomo è per te il centro del mondo. Sai essere con lui appassionata e fantasiosa: sei un'amante unica e insostituibile.

5. Meringata

Sai scindere il sesso dall'amore, il primo rappresenta solo una breve distrazione da dimenticare subito. Sei razionale e sicura di te e lasci ben poco ai sensi. Solo l'indispensabile. Anche l'amore per te è un *optional.*

6. Torta al cioccolato

Non ti fai molti problemi: per te sesso e gola vanno di pari passo. Sensuale nell'amore come a tavola, cerca però di mettere un freno per non ritrovarti disillusa in amore e davanti allo specchio.

7. Saint Honoré

Sexy e golosa, una fetta tira l'altra, ma non metti ciccia sui fianchi. L'amore, sia fisico sia mentale, fa parte di te. Lo vivi intensamente ma, come il cibo, non lascia traccia né nel tuo animo né sul tuo corpo.

8. Profiteroles

L'amore e il sesso ti ricaricano e ti piacciono come la dolce crema di questo dolce e i bignè morbidi e cedevoli che lo compongono. Morbidi e dolci come te che fai dell'amore un complemento fondamentale della tua esistenza, senza sciocchi egoismi.

9. Crostata di marmellata

Per te l'amore è un male necessario, ma non indispensabile. Proprio come la torta anche tu sei un po' tradizionalista e rigida nell'atteggiamento. Sei fredda e poco entusiasta.

10. Tarte tatin (torta di mele)

Per te il sesso e l'amore sono da consumare rapidamente senza fronzoli né fantasia: peccato, rischi di annoiarti e di annoiare il tuo partner.

11. Torta nuziale

Ti piacciono le torte a strati? Vuol dire che guardi in alto e non ti accontenti mai. Certo se per te "alto" vuol dire matrimonio... ebbene sì, ce la puoi fare!

12. Torta salata

Una torta atipica per una donna atipica: una vera cacciatrice che ama far cadere in trappola il suo uomo e sedurlo invece di essere conquistata. Piccante al punto giusto, sai come tenerti un uomo.

Test 71

Sei riflessivo o istintivo?

Spesso ci si trova in situazioni che richiedono sangue freddo oppure riflessi pronti. Tu che cosa scegli? In che modo reagisci se ti viene richiesta un'azione immediata? Sai essere tempestivo o subisci passivamente la situazione in cui ti trovi? Oppure nemmeno ti accorgi di quel che ti succede intorno?

Scoprilo con queste domande apparentemente semplici.

1. Attento! Un bicchiere pieno di vino traballa e cade rischiando di macchiarti il vestito buono. Come ti comporti?

A. Nemmeno te ne accorgi. ☐
B. Scappi con agilità. ☐
C. Lo prendi al volo. ☐

2. Ti invitano come ospite d'onore a una festa, ma in realtà non conosci i padroni di casa.

A. Ti presenti alla festa in compagnia. ☐
B. Ti fai spiegare come sono gli ospiti da un amico comune. ☐
C. Non te ne fai un problema e vai alla festa. ☐

3. Quale di questi proverbi trovi più adatto a te?

A. Ogni lasciata è persa. ☐
B. La parola è d'argento, ma il silenzio è d'oro. ☐
C. Per pagare e morire c'è sempre tempo. ☐

4. Tuo figlio ha preso il morbillo e non potete andare in vacanza per Pasqua. Però hai preso le ferie, come ti comporti?

A. Parti comunque da solo. ☐
B. Gli dedichi qualche giorno e poi parti. ☐
C. Lo porti dai nonni e parti con il partner. ☐

5. Una vecchietta grida: «Aiuto, mi scippano!». Qual è la tua reazione?

A. Cerchi un vigile o un poliziotto. ☐
B. Fai finta di niente e te ne vai. ☐
C. Raggiungi l'anziana e cerchi di aiutarla. ☐

6. Hai in mano una pallina da tennis e ti cade: che movimento fa?

A. Si ferma. ☐
B. Corre giù per la discesa. ☐
C. Rimbalza altissima. ☐

7. Uno sconosciuto ti propone di fare un lavoro per 150.000 euro, ma non ti dice di che cosa si tratta. Tu:

A. Accetti senza pensare, in caso rifiuterai al momento buono. ☐
B. Rifiuti, meglio non fidarsi. ☐
C. Non sai che cosa fare. ☐

Ora leggi il punteggio, fai due conti e guarda il profilo giusto: 1. A=1, B=2, C=3; 2. A=2, B=1, C=3; 3. A=1, B=3, C=2; 4. A=3, B=1, C=2; 5. A=1, B=2, C=3; 6. A=1, B=3, C=2; 7. A=3, B=1, C=2.

Fino a 12 punti
Sei un tipo anche troppo riflessivo. Devi valutare sempre tutti i pro e i contro di ogni situazione che ti si presenta. Questo ti conduce spesso a perdere ottime occasioni, ma nello stesso tempo ti mette anche al riparo da brutte avventure.

Da 13 a 17 punti
Sai mescolare perfettamente la tua parte istintiva e la ragione. Questo fa di te una persona molto assennata anche se un po' prevedibile. Certamente non sei uno che azzarda, ma nemmeno una persona che sarà dilaniata da rimorsi.

Da 18 a 21 punti
La tua impulsività può averti portato dei guai in molte occasioni, ma se la fortuna ti ha assistito avrai avuto anche molte soddisfazioni, per te vale sempre il "giorno da leone"!

Test 72

Pensi di essere una buona amica? ♀

Sai ascoltare con le orecchie e con il cuore le confidenze della tua amica? Ti ricordi quando compie gli anni? Sai che gusti ha in fatto di musica e di letture? Sei generosa e premurosa con lei? Sei sempre pronta ad accorrere se ha bisogno di te? Insomma, sei davvero l'amica perfetta? Ecco un test per saperlo davvero.

Leggi con attenzione le domande e poi scegli le risposte che ti sembrano più in sintonia con il tuo modo di pensare e comportarti. Quando avrai finito, somma tutti i punti e saprai se sei davvero la sua "migliore" amica!

1. Vorresti sentire la tua amica per confidarle un segreto:

A. Non sei tu a telefonare per prima, aspetti sempre che lo faccia lei. ☐

B. La cerchi, lasciandole un messaggio perentorio in segreteria telefonica. ☐

C. Non aspetti neppure un minuto e fai squillare il telefono anche se sai che è impegnata. ☐

2. Le vuoi tanto, tanto bene, ma certe volte si comporta male e tu...

A. Le parli senza peli sulla lingua con molta sincerità. ☐

B. Resti sul vago, le fai degli esempi e le spieghi che talvolta è bene cambiare atteggiamento. ☐

C. Parli con lei e cerchi di capire quali siano le sue motivazioni. ☐

3. La tua amica ora ha un innamorato, quindi ti frequenta un po' meno di prima. Che cosa fai?

A. Le parli con la massima sincerità e la metti in guardia: ti stai stancando della sua freddezza. ☐

B. Ne parli con una comune amica. ☐

C. Cerchi di fartene una ragione: l'amore è l'amore! ☐

4. La tua migliore amica ti fa un regalo senza che sia un'occasione speciale...

A. «Qui c'è sotto qualcosa», pensi subito! ☐
B. Ti chiedi che cosa puoi regalarle per ricambiare il suo pensiero gentile. ☐
C. La tua amica ti conosce bene e cerca sempre di essere carina con te. Sei felice e grata! ☐

5. La tua amica ti ha detto una bugia e lo hai scoperto:

A. La perdoni, ma avrai sempre l'impressione che ti menta e non ti potrai più fidare. ☐
B. Se ammette la sua colpa la perdoni e dimentichi. ☐
C. Sai bene di aver detto anche tu delle bugie in passato. ☐

6. Alla tua amica serve un bel capo di abbigliamento per una serata speciale:

A. Le dai l'indirizzo di una boutique esclusiva, ma dai prezzi contenuti. ☐
B. Apri il tuo armadio e le permetti di scegliere un vestito molto carino. ☐
C. La costringi a indossare il tuo abito più bello ed elegante: vuoi essere certa che faccia bella figura. ☐

7. Sei appena stata mollata e la tua amica ti telefona...

A. Non le racconti nulla, preferisci tenere il dolore per te. ☐
B. Le racconti tutto in lacrime. ☐
C. Le spieghi che cosa è successo in modo pacato. ☐

8. La tua cara amica compie gli anni. Tu:

A. Sei la prima a farle gli auguri. ☐
B. Sei distratta, ma non cattiva. Può capitare che dimentichi il suo compleanno. ☐
C. E come puoi dimenticare? Vivete in simbiosi! ☐

9. Se la sera non esci:

A. Stai seduta sul divano a leggere. ☐

B. Stai al telefono a chiacchierare con le amiche. ☐
C. Inviti da te il tuo gruppo di amici. ☐

10. Hai un problema:

A. Prima cerchi di risolverlo da sola, poi se è il caso chiami la tua amica in aiuto. ☐
B. Chiami la tua amica e gliene parli. ☐
C. Chiedi subito consiglio ai tuoi amici più fidati, così ti senti al sicuro. ☐

Eccoti arrivata alla fine del test, ora calcola il punteggio: le risposte A valgono 2 punti, le risposte B valgono 4 punti e, infine, le risposte C ne valgono 8. Fai il conto preciso. Hai sommato tutto?

Da 0 a 20 punti
Sei un'accentratrice anche un po' egoista. Pretendi molto dalle amiche tanto da sembrarne spesso gelosa. Se continui a comportarti in questo modo rischi di perderle. Non stare loro così addosso e cerca di capirle di più.

Da 22 a 40 punti
Sei fin troppo presente e protettiva. Sei davvero molto premurosa con le tue amiche, forse esageratamente. Cerca di non essere soffocante con le tue attenzioni. Fidati anche se ti fanno un torto, non sempre gli errori si devono pagare salati. Cerca di essere più elastica.

Da 42 a 80 punti
Sei davvero l'amica giusta! Quella che è sempre presente ma mai invadente. Quella che dà senza pretendere, quella che perdona senza chiedere. Sai ascoltare le tue amiche e consigliarle per il meglio senza essere pedante. Ti fidi di loro e loro di te. Brava!

Test 73

Le cinque domande da non fare mai a un uomo! ♂

La nonna, che era molto saggia, mi diceva sempre che meno domande si fanno a un uomo, meglio è. E diceva anche che ci sono alcune domande che mai e poi mai si dovrebbero fare. Anche perché qualsiasi risposta il malcapitato darà, non sarà mai quella giusta. Tu, ingenuo maschio, sei pronto a rispondere? Se non lo sei, leggi e impara.

1. «Caro, a che cosa stai pensando?».

A. «Ma amore, stavo riflettendo su un fatto fondamentale: la fortuna che ho avuto a incontrare una donna dolce e bella come te!». ☐
B. «Beh, veramente a nulla. Cercavo di rilassarmi!». ☐
C. «Quanto sarei felice di incassare la tua assicurazione sulla vita!». ☐

2. «Tesoro, mi ami?».

A. «Non potrei farne a meno, amore». ☐
B. «Dammi una definizione di amore». ☐
C. «Stai dicendo a me?». ☐

3. «Amore, ti sembro grassa?».

A. «Ma che cosa stai dicendo, bocconcino mio?». ☐
B. «In che senso grassa?». ☐
C. «Non faccio altro che vedere donne molto più grasse di te». ☐

4. «Caro, credi che lei sia più bella di me?

A. «No, tu sei molto più bella, non ci sono paragoni». ☐
B. «Beh, veramente avete due tipi di bellezza diversi». ☐
C. «È più bella ma tu sei sicuramente più intelligente». ☐

5. **«Amore, che cosa faresti se morissi?».**

A. «Cara, se dovesse succedere non vorrei vivere un momento di più!». ☐

B. «Dipende dal tipo di morte...». ☐

C. «Una bella funzione e poi una festa con fuochi artificiali!». ☐

Ed ecco la valutazione delle tue risposte.

Maggioranza di risposte A
Perfetto! Nonostante la tua incapacità a mentire, ci sei riuscito e non hai incrinato l'equilibrio di coppia. Queste sono le risposte giuste! Scrivile su un foglio e dalle a tuo figlio: gli serviranno prima o poi!

Maggioranza di risposte B
Maldestro! Le tue risposte mancano di falsa sincerità e anche di ironia: hai risposto malissimo e la tua coppia comincia a traballare, ma forse era proprio quello che volevi!

Maggioranza di risposte C
Le tue risposte ironiche, quasi ciniche, ti hanno aiutato a far ridere la partner e a convincerla. Bravo! Ma se tutte queste cose le pensi davvero, non credi che faresti meglio a scappare o almeno a cambiare moglie o fidanzata?

Test 74

Dopo le feste sei stressato?

Natale può portare una buona dose di stress oltre ai doni. Tu come vivi il periodo delle feste?

Rispondi sì o no a queste domande e lo saprai!

	sì	no
A. Soffri di attacchi di malinconia?	☐	☐
B. Le piccole seccature ti agitano più del solito?	☐	☐
C. Durante le feste soffri di insonnia?	☐	☐
D. Con la bilancia come va? Fuori peso forma?	☐	☐
E. Cerchi di frequente la solitudine?	☐	☐
F. Sei irritabile con i colleghi?	☐	☐
G. Il tic tac della pendola ti agita?	☐	☐
H. Hai già preso l'influenza di gennaio?	☐	☐
I. Soffri di "male sordo alle ossa"?	☐	☐
L. Emicranie frequenti?	☐	☐
M. All'alba sei apatico e indolenzito più di quando sei andato a letto?	☐	☐

Maggioranza di no

La presenza delle festività nel calendario ti sfiora appena: è una festa che si aspetta e si lascia passare, senza troppi problemi o preoccupazioni per regali, incombenze familiari e affini. Non sei certo il tipo di persona che, appena dopo l'Immacolata, si affretta a prenotare un viaggio per trascorrere il Natale su un'isola deserta, magari sotto l'ombrellone!

Maggioranza di sì

Lo stress del regalo, che inizia un mese prima del Natale, porta i suoi strascichi anche dopo le feste: «Come ho potuto dimenticare mia cugina? Allora è vero che lo zio odia le cravatte!». Insomma la fine di dicembre per te è un'agonia, che dovrebbe finire al più presto. Oltretutto sei anche allergico ai dolci e le tavolate non ti sono mai piaciute...

Test 75

Che tipo di strega sei? ♀

Abracadabra! Ti piacerebbe essere una strega? Ma che tipo in particolare? Vorresti essere una strega simpatica e pasticciona come Amelia o una strega potente e invincibile come le sorelle Halliwell? Puoi avere tre poteri e solo tre, quali scegli e in che modo ne faresti uso?

Puoi scegliere tra:

Poteri 1 - 6 - 9
Poteri 3 - 4 - 7
Poteri 2 - 5 - 8

Potere 1: Multiforme ☐

Sei in grado di cambiare a piacere il fisico di chi ti pare e provi anche, ovviamente, questo potere su di te diventando il perfetto clone di Scarlett Johansson o di Monica Bellucci. Fai un incantesimo a una tua amica che si dà un sacco di arie e le fai crescere la barba e il pelo dell'Uomo Lupo. Vai in un centro benessere e fai sparire le rughe a tutte le signore simpatiche.

Potere 2: Giove ☐

Puoi fare il bello e il cattivo tempo. Dove vuoi e quando lo desideri. Sei in grado di calmare gli oceani e di far piovere a dirotto quando gioca la squadra avversaria. Avere il bel tempo per tutta la tua estate e far fiorire dal gran caldo le mimose a dicembre, sotto casa tua. Ogni week-end sole pieno e temperature maldiviane se vai al mare, mentre il tuo capo se la deve vedere con nebbia e tuoni anche se è il mese di luglio.

Potere 3: Salomone ☐

Hai il potere magico sugli animali, proprio come l'aveva re Salomone. Fagiani e lepri diventano invisibili quando si avvicinano i cacciatori. E le vespe pungono a comando quell'antipatica che ti ha rubato il fidanzato l'anno scorso. Puoi regalare il dono della parola a Ugo, il tuo beagle prediletto, e sapere quando desidera scendere per il giretto senza dover uggiolare inascoltato.

Potere 4: Mida ☐

Quel che tocchi diventa oro. Fai la dote a tutte le tue amiche. Risani il debito pubblico facendo apparire magicamente 5.000 tonnellate d'oro nei *caveau* della Banca d'Italia. Infine, magia delle magie, i poveri buoni diventano ricchi e i ricchi cattivi diventano poveri, al tuo comando.

Potere 5: Vulcano ☐

Riesci a far cambiare professione a tutti gli impiegati scontenti. Crei veramente 1.000.000 di posti di lavoro. Sei in grado di eliminare l'assenteismo dalla Pubblica Amministrazione e anche in Parlamento. Naturalmente vai in ufficio solo se piove e quando accade, da vera strega, lo potresti decidere tu!

Potere 6: Venere ☐

Comandi sull'amore di ogni essere umano. Tutte le tue amiche *single* trovano per incanto l'anima gemella. Tre principi azzurri diversi ti spediscono decine di sms ogni giorno. Ogni bambino che incontri ti elegge come la sua vera mamma e gli animali feroci ti seguono come un novello san Francesco.

Potere 7: Mercurio ☐

Hai potere su ogni mezzo di trasporto. Schiocchi le dita e una macchina che vola appare per incanto guidata dal fratello carino di George Clooney. Regali una bicicletta elettrica a ciascuno in città e riesci a far viaggiare i TIR alla velocità consentita dal codice della strada.

Potere 8: Maya ☐

Hai il controllo sulla crescita del grano e delle fragole. Buon cibo per tutti e la fame è scomparsa di colpo! Meringhe e zuppe inglesi all'improvviso fanno dimagrire e gli spaghetti diventano scotti ogni volta che il tuo compagno alza la voce!

Potere 9: Crono ☐

Il tempo per te non scorre, come in un buco spazio-temporale: quindi rimani giovane e bella per tutta la vita. Resusciti i genitori dei bambini orfani e fai invecchiare i colleghi che non ti piacciono: così hanno 65 anni e vanno tutti in pensione!

Quali tre poteri hai scelto?

Poteri 1 - 6 - 9 ☐
Poteri 3 - 4 - 7 ☐
Poteri 2 - 5 - 8 ☐

Poteri 1 - 6 - 9: la maliarda.
Useresti i tuoi tre poteri per affascinare ogni uomo interessante. Tutti quelli giusti sarebbero ai tuoi piedi pronti a esaudire ogni tuo ordine. Vivresti come una principessa delle *Mille e una notte* in un Paese da fiaba. Che personalità si nasconde dietro la scelta di questi tre poteri? Primo, un grande bisogno di essere amata. Secondo, non sai ancora come fare per farti notare dall'uomo adatto a te. Terzo devi avere più fiducia in te stessa, per afferrare le continue opportunità che una strega affascinante come te incontra almeno una volta alla settimana.

Un consiglio...
Sii più indulgente e flessibile con te stessa. Hai qualità da vendere! Se desideri qualcosa di buono, smettila di sognarlo e basta e buttati

con estrema fiducia nell'impresa! Smetti di pensare in termini di «Non ci riuscirò!» ma modifica la frase in «Non ci riesco, per ora!». Sei una strega buona, ma devi essere più convinta di quello che fai.

Poteri 3 - 4 - 7: la vendicatrice.
Per te vale solo la legge biblica: occhio per occhio e dente per dente! Nel tuo universo c'è posto solo per i buoni, mentre i cattivi li manderesti tutti sulla Luna. Nessuno scrupolo a ibernare nella grafite, come Ian Solo in *Guerre Stellari*, chi ti offende. Autoironica, ti piace non prenderti quasi mai sul serio, perché tanto la vita è un grande gioco. Sei l'eterna bambina felice. Molto sensibile alle critiche, riesci a farti montare la collera come se fossi un'irascibile dea greca. Con uno spiccato senso del pudore, impedisci ad amici e parenti di entrare nel tuo spazio vitale. E se qualcuno osa recarti offesa, tiri fuori gli artigli e dai zampate a tutto tondo. Come i cagnolini che mordono quando sono spaventati.

Un consiglio...
Cerca di pensare in positivo e di rilassarti. Anche se qualcuno cerca di ferirti, non ribattere. Lascia perdere e impara a voltare pagina senza rancore. Approfitta del presente senza rimuginare su tutto quello che succede intorno a te. Ricordati che stai vivendo "qui e ora". Abbandona dunque i sensi di colpa che affiorano dal passato e dimentica l'ansia e le preoccupazioni del futuro.

Poteri 2 - 5 - 8: la benefattrice.
Per te il senso della vita è fare il bene e diffondere l'amore. Essendo un'impresa difficile, forse la più complicata che si possa immaginare, potresti farti venire dei pericolosi scrupoli. In ogni caso sei una strega generosa, disposta a dare ogni tua risorsa per aiutare chi ha bisogno. Armata di valori molto più spirituali che materiali, non riesci a dire di no a nessuno, mettendoti spesso in situazioni imbarazzanti. Una buona dose di ingenuità ti fa credere ancora nelle favole, ma stai all'erta perché più di uno potrebbe approfittarsi della tua bontà d'animo. In ogni caso sei sufficientemente convinta della tua missione su questa Terra, e sei pertanto in grado di proteggerti con efficacia e da sola dagli attacchi delle tante persone grette che ti ruotano intorno.

Un consiglio...
Occuparsi degli altri va benissimo, ma concediti anche qualche momento tutto per te. Prova a frequentare una buona palestra di aerobica o prenota una settimana in una SPA sulle Dolomiti, facendo ogni giorno tonificanti bagni nel fieno. Se non puoi accontentare sempre tutti, cerca almeno di capire quali sono i tuoi limiti, in modo di proteggerti dalle malelingue. Fissa le tue priorità di vita e segui con scrupolo il piano per ottenerle.

Test 76

Hai un *bug* nella mente?

Questo è un test decisamente fuori dal comune, che di solito viene ripetuto almeno tre volte prima di capire come funziona. È stato scoperto che il nostro cervello può avere un curioso *bug*. Il fenomeno si basa su una caratteristica specifica della mente, ovvero la sua capacità di cancellare e distorcere le informazioni che le arrivano attraverso i canali sensoriali esterni: in questo caso la vista. Per verificare se hai il *bug*, esegui questo semplice calcolo.

Fai attenzione: il calcolo deve essere fatto a mente e abbastanza velocemente, senza usare la calcolatrice o prendere carta e penna. Sii onesto con te stesso e fai i calcoli mentalmente.

Hai 1000
aggiungi 40
aggiungi ancora 1000
aggiungi 30
e di nuovo 1000
aggiungi 20
aggiungi ancora 1000
e poi 10.

Qual è il totale?
Il risultato per te è 5.000, vero? Ebbene, la risposta esatta è 4.100. Se non ci credi rifai il conteggio con la calcolatrice.

Soluzione
Ciò che accade è che la sequenza delle decine confonde la nostra mente, obbligandola a saltare al decimale più alto: pensiamo alle centinaia anziché alle decine. Ti è piaciuto?

Test 77

Senza il tuo gatto non puoi vivere?

Ami i gatti? Ma quanto li ami? "Virgola" è la suoneria del tuo telefono? Rispondi miagolando con un sì o con un no? Tira le somme e saprai quanto sei legato al mondo dei felini.

1. I gatti sono i migliori amici dell'uomo? ☐
2. Hai già avuto dei mici per casa? ☐
3. Stai rannicchiato nel letto per lasciargli spazio? ☐
4. Te ne ritrovi due, regolarmente, sul letto la notte? ☐
5. Riesci a star seduto sul divano di casa per più di tre minuti senza ritrovarti un micio in braccio? ☐
6. Il cibo del tuo gatto ti costa più di quattro euro al giorno di spesa? ☐
7. Investi più di dieci euro alla settimana per l'acquisto della speciale sabbietta? ☐
8. Hai già addestrato il tuo micio al riporto della palla? ☐
9. Sai imitare un "ron ron"? ☐
10. Hai almeno due trasportini? ☐
11. Il tuo gatto partecipa ai battesimi e matrimoni di famiglia? ☐
12. Mai pensato di cambiare la moto con uno scooter per avere lo spazio del trasportino? ☐
13. Hai più di una spazzola per levare i peli? ☐
14. Hai graffi sul dorso delle mani? ☐
15. Ascolti di frequente il parere del peloso? ☐
16. Ti riferisci a lui con termini quali "ciuffolotto" o "bambino"? ☐
17. Per le vacanza scegli i *residence* con giardino? ☐
18. Porti quotidianamente del pelo di gatto in ufficio con te? ☐
19. Vai in *trance* alla vista di un gatto sul cornicione? ☐
20. Mai stato per tre ore di fila in libreria a cercare quel libro inglese sulle possibili nevrosi del gatto in relazione allo stile di vita moderno? ☐

21. Ti sei già abbonato a Sky per ricevere il canale *Ciao Pussycat*? ☐
22. Ti ritrovi spesso in macchina con il micio sdraiato sul lunotto posteriore? ☐
23. Hai già cominciato ad assumere un'andatura elastica e il passo felpato? ☐
24. Già provato a iscrivere il micio all'anagrafe? ☐
25. Mai pensato di ristrutturare l'ingresso di casa, inserendo una gattaiola magnetica nel muro? ☐
26. Quanti lavori di ricamo hai sulla credenza con un gatto come soggetto? ☐
27. Ti sei mai chiesto perché ci sono più uomini che gatti al mondo? ☐
28. Ti chiedono se hai un gatto oppure «Ma quanti gatti hai?». ☐
29. Il tuo merlo indiano sa miagolare? ☐
30. Esiste il paradiso dei gatti? ☐

Somma tutti i sì e guarda la tua situazione senza miagolare!

Meno di 8 sì: probabilmente sei allergico al pelo di gatto e non ti puoi permettere un'amicizia profonda con questi adorabili compagni di vita. Per ora almeno, in futuro chissà.

Da 9 a 15 sì: rientri nella norma. Sai fare alla perfezione il richiamo della pappa, ma solo perché cerchi, in tal modo, di far colpo sul tuo partner che è un profondo estimatore dei mici. Se vai d'accordo con il gatto il partner è più disponibile, vero?

Da 16 a 25 sì: ti sono già spuntate le vibrisse e ti si sono allungate le orecchie? Ormai riconosci le persone al fiuto e cerchi di graffiare il tuo capo? Eh sì, il tuo micio è riuscito a trasformarti in un vero e proprio amante dei gatti! Senza di loro inizi a sentirti perso...

Più di 25 sì: ormai sei un gatto fatto e finito. Per te la psicologia felina non ha segreti e puoi tenere *master* al riguardo all'Università di Trento. Le case produttrici di cibo per mici ti fanno testare i prodotti una volta al mese, ripagandoti profumatamente con scatolette di paté al salmone fumé.

Test 78

Un piatto di pasta o un panino?

Sei un cultore della cucina mediterranea oppure un abitudinario delle tavole calde e fredde? Tavola con tovaglia a quadrettoni o vassoio con bicchiere di plastica? Tu da che parte stai?

Rispondi alle domande scegliendo con cura la risposta che più rispecchia il tuo modo di agire e di pensare.

1. Sera tardi e fame da lupi. Che cosa mangi?

A. Sali a casa e mangi tutto. ☐
B. Sei già a letto, stanco morto. ☐
C. Ti fiondi nel primo pub e ordini un panino. ☐

2. Sei a scuola e sotto il banco trovi un panino. Pensi:

A. È quello con i peperoni che ti ha fatto tua madre. ☐
B. Impossibile, non vai a scuola perché oggi stai a dormire. ☐
C. Il "numero dieci" che hai ordinato al *fast food* qui dietro. ☐

3. Apri il frigorifero e trovi:

A. Le melanzane sott'olio che ha fatto la nonna. ☐
B. Coca cola, Coca cola, birra, Coca cola... ☐
C. Niente, non mangi mai a casa. ☐

4. Scegli una ricetta:

A. Crostata della nonna. ☐
B. Cibo misto: non sai che cos'è perché viene dal supermercato. ☐
C. Patatine fritte. ☐

5. Un'immagine culinaria sul tuo desktop...

A. Nonna Papera che cucina le frittelle. ☐
B. Tu che acquisti verdura al banco dei surgelati. ☐
C. Un panino del pub. ☐

6. Ultima domanda: che cosa sogni la notte?

- **A.** Casa tua. ☐
- **B.** Il supermarket nella via di fronte. ☐
- **C.** Il *fast food* dietro l'angolo. ☐

Controlla dove sarai oggi mezzogiorno per pranzo!

Maggioranza di risposte A
I tre pasti tu li fai a casa. Sempre a casa e solo a casa. Sei assoldato di diritto nelle file dei cannelloni-dipendenti. Il tuo capo ideale è Nonna Papera, maestra cuciniera di torte alla panna con le fragole. Si racconta in giro che tua madre cominci a essere un po' preoccupata di averti tra i piedi a trentanove anni. Conceditì quindi, almeno una volta alla settimana, un'uscita serale in un ristorante, magari etnico.

Maggioranza di risposte B
Se proprio di "bocca buona": mangi quel che capita e ti nutri non badando alla qualità. Non si sa di preciso che cosa acquisti, ma di certo tutto viene dal supermercato. Non sei allineato né con gli amanti della pasta né con quelli del *fast food*. Un vero anarchico appartato.

Maggioranza di risposte C
Di sicuro la maggior parte dell'intervallo di mezzogiorno lo passi nei *fast food*. Sei un deciso fanatico degli *hamburger* ben conditi. Il tuo condottiero ideale è l'uomo degli *hamburger*. Un *habitué* delle tavole calde!

In caso di parità di risposte, leggete tutti i profili corrispondenti.

Test 79

Il test del perfetto *hacker* ♂

Dentro a ognuno di noi si nasconde un *hacker*, ammettiamolo! Siamo smanettoni esperti che hanno incominciato a usare il PC da almeno vent'anni (ricordate il buon Commodore?) oppure utilizzatori dell'ultima ora... E tu che *hacker* sei?

Rispondi a queste domande e lo scoprirai!

1. Devi masterizzare un DVD, ma non ci riesci:

A. Facile: o il DVD vergine è sporco, oppure non è compatibile con il tuo masterizzatore. ☐

B. Controlli *driver*, connessioni, protezioni del DVD e – se ancora non riesci – formatti e reinstalli tutto! ☐

C. Sicuramente il DVD vergine è difettoso. Te ne compri un centinaio, tutti vergini. Potresti comprarti il DVD originale, ma chi la dura la vince; è per principio! ☐

D. Non perdi tempo e ti fai prestare un altro film su DVD. ☐

2. La tua stampante si è inceppata e non funziona più:

A. Marca *dell'hardware*? Sistema operativo? Messaggio di errore? Tipo di connessione al PC? Tipo di documento da stampare? Grammatura del foglio? Marca e tipo delle cartucce? Come fai a rispondere se non hai questi dati? ☐

B. Facile: fai le opportune verifiche e poi disinstalli tutto e infine reinstalli senza problemi. ☐

C. Dannata stampante! Ora capisci perché costava 9 euro e 99 centesimi! Ti ha stampato solo il test di prova e poi l'inchiostro si è esaurito! ☐

D. Chiedi a un amico di stamparti il documento. ☐

3. Scopri la tua fidanzata di notte a chattare su Internet con uno sconosciuto:

A. Controlli che siano attivi e funzionino il *firewall*, l'*antivirus*, l'*antispyware*. ☐

B. Le dici di tutto: sta utilizzando *Explorer* e non *Firefox*! ☐
C. Le dici di tutto: gli scatti del collegamento costano! ☐
D. Perché ti devi svegliare di notte? ☐

4. *Squilla il tuo cellulare: è una tua cara amica che ti chiede aiuto perché la sua automobile si è bloccata in autostrada...*

A. La prima cosa che fai è chiederle chi le ha dato il tuo numero di cellulare. ☐
B. La prima cosa che fai è collegarti a un server della NASA. Poi, tramite GPRS, la localizzi. Quindi, tramite *Skype*, le fai arrivare il carro-attrezzi. In seguito, tramite satellite, dal tuo cellulare, le scatti una foto. Infine, le fai autografare tale foto con una dedica tramite il suo palmare! ☐
C. La prima cosa che fai è calcolare quanto ti costa chiamarle il carro attrezzi! ☐
D. La prima cosa che fai è chiederle una foto con dedica, poi le dai il numero del soccorso stradale. ☐

5. *Mentre navighi in Internet, ti accorgi che un intruso è entrato nel tuo PC e sta sbirciando tra le tue cartelle:*

A. Nessun intruso potrà farti questo! Hai tutti i programmi di sicurezza aggiornatissimi che scansionano il tuo PC anche quando è spento! ☐
B. Magari accadesse! Wow! Allora: tutte le tue cartelle sono criptate, lo intrappoli in un file che gli disabilita *mouse* e tastiera mediante gli *script* e ti colleghi a tua volta nel suo PC. Poi gli formatti on-line tutta la macchina, gli converti la FAT da NTFS a FAT 12 e gli distruggi il BIOS, così impara ad attaccare te! ☐
C. Dannazione! Avrà trovato i tuoi dati sensibili? ☐
D. Spegni subito il PC. ☐

6. *Casualmente ti accorgi di avere scaricato da Internet una rarissima registrazione radiofonica di Guglielmo Marconi. Sei entusiasta di questa scoperta e vorresti condividere questa gioia sul forum di Facebook.*

A. Ti colleghi al sito della SIAE e controlli i diritti d'autore. ☐

B. Ti colleghi a *Google* e cerchi chi cavolo è questo Guglielmo Marconi. Mai sentito un cantante o un *disk-jockey* così! ☐

C. Ti colleghi al *forum* e calcoli quanti utenti sarebbero interessati ad acquistare questa registrazione a un prezzo stracciato. Forse è la volta buona che ti faccio la *pen drive* USB da 5 giga. ☐

D. Non fai niente. ☐

7. Il governo aumenta in modo spropositato il canone di possesso degli apparecchi televisivi...

A. Valuti se è il caso di mantenere il possesso di più apparecchi televisivi e il loro reale utilizzo. Alla fine, se riscontri che puoi mantenerli, paghi la somma esorbitante richiesta per il televisore. ☐

B. Ah, nessun problema. Il tuo *notebook* è dotato di connessione *wireless* e puoi vedere la TV dove e quando vuoi. Non hai bisogno dei televisori tradizionali, tu! ☐

C. Dannato governo! Ti sbarazzi degli apparecchi televisivi che hai in soggiorno, stanza da letto, cucina, bagno e poi nel tuo PC installi una scheda *TV tuner*. E là dove avevi i televisori ti compri dei nuovi PC e li doti tutti di scheda sintonizzatrice TV, lo freghi tu il governo! ☐

D. Mandi subito tua madre a pagare il canone. ☐

8. Un tuo conoscente ti telefona in lacrime perché deve terminare un lavoro urgentissimo, ma gli si è rotta la scheda madre del suo PC:

A. Dove trovi un negozio aperto di domenica pomeriggio? ☐

B. Ah, nessun problema. Hai uno *stock* di schede madri, anche se c'è incompatibilità con il processore e altri componenti, sai tu come adattarle! Finalmente passerai una domenica pomeriggio divertente! ☐

C. Ah, lo sapevi che quella scheda madre che hai comprato sei mesi fa ti sarebbe tornata utile! Solo che tu l'hai pagata 399 euro, e oggi il suo prezzo nuovo è di 129 euro... Anche aggiungendoci il 100% di maggiorazione per manodopera domenicale, non ci stai dentro... ☐

D. Ma la domenica non è fatta per riposare? ☐

9. Scopri il piccolo di famiglia mentre cerca di falsificare una banconota da 20 euro con lo *scanner*, la carta filigranata e la stampante a colori...

A. Per prima cosa lo sgridi perché ciò che sta facendo è illegale. Per seconda cosa, gli sequestri tutto il materiale, disinstalli il programma di scansione foto, cancelli tutti i dati RAM e ROM, distruggi la carta stampata e distruggi pure la banconota originale nel caso ne abbia già riprodotta qualcuna. ☐

B. Per prima cosa lo rimproveri perché ciò che sta facendo poteva dirtelo, gli avresti dato sicuramente qualche buon consiglio. Per seconda cosa, gli suggerisci come settare *scanner* e stampante per una riproduzione perfetta dei colori. Beata gioventù precoce! ☐

C. Per prima cosa lo rimproveri perché ti ha fregato la banconota da 50 euro. Per seconda cosa, gli presti una banconota da 200 euro... Se bisogna rischiare, tanto vale farlo alla grande. ☐

D. Non gli fai niente, perché secondo la legge un minorenne non è imputabile di reato. ☐

11. Acquisti un libro di un noto giornalista informatico e scopri che, nell'introduzione, tra i ringraziamenti egli cita l'indispensabile supporto ricevuto dai membri dello *staff* del *forum* cui partecipi attivamente dove però tu non compari.

A. Controlli che i nomi siano inseriti in rigoroso ordine alfabetico. ☐

B. Bella notizia! Immediatamente passi allo *scanner* la pagina dei ringraziamenti e la converti in .pdf, .html, .txt, .doc, .bmp, .jpg, .tif e .avi. Poi diffondi la pagina nei 72 *forum* ai quali sei iscritto. ☐

C. Ah, il giornalista ha avuto bisogno della tua collaborazione e manco ti ha pagato? Ma tu lo citi per danni! E pensare che ti ha fatto pure pagare il libro. ☐

D. Dopo l'introduzione, ti leggi tutto il libro, con molta calma. ☐

Adesso fai il totale di tutte lettere uguali che hai dato alle 10 risposte.

Maggioranza di risposte A

Sembra ben chiaro che tu tendi a essere perfetto, irreprensibile e professionale in qualsiasi momento della vita. Ti eserciti a essere un mostro di bravura in qualsiasi campo, ma il tuo complesso di superiorità sfocia inevitabilmente in reale appagamento solo quando becchi in castagna uno come Enrico che sbaglia l'ortografia delle comunicazioni interne. Il tuo modello di comportamento è Bill Gates. Ma non raggiungerai mai la sua eccellenza. Bill ha risposto "A" non alla maggior parte delle domande, ma a tutte le domande! Non ci sono dubbi, però: ti sei divertito a fare questo test. Con ogni probabilità non hai preso seriamente la cosa, e forse hai fatto bene. Sei una persona spiritosa, sempre pronta a giocare e scherzare, però ricordati che ogni tanto le cose vanno affrontate con serietà.

Maggioranza di risposte B

Ovvio che sei uno smanettone incallito, un *hacker* da paura, un tecnologo futurista: fai tutto, ma proprio tutto con il tuo computer. Forse l'unica cosa che non fai col PC è stamparti la carta igienica. Non sapresti proprio come fare senza il tuo palmare. Sull'*Isola dei Famosi*, senza alcun supporto tecnologico, non ti verrebbe un infarto solo perché ti hanno attaccato il microfono sotto il costume da bagno. Sei tuttavia un buon sognatore, pieno di iniziativa e fantasia. Sai risolvere con genialità tutte le situazioni scabrose e per te nulla è impossibile. Non hai mezze misure, ma questo probabilmente non è un difetto, anzi ti rende una persona speciale ricca di creatività.

Maggioranza di risposte C

Pare evidente che non sai valutare un rapporto costi-benefici. Fai di tutto per risparmiare qualche centesimo perché è dura mandare avanti una famiglia composta da tre figli, una moglie esosa e un gatto che divora tre scatolette al giorno di paté, ma non riesci a tenerti alcun risparmio, perché spendi sempre più di quanto metti da parte. Sei abbastanza esaurito, un insoddisfatto perenne, pessimista e ossessionato da manie di persecuzione. Sei solo, contro tutti: amici, gatti, direttori, e anche contro te stesso. Saresti capace, pur di risparmiare i costi di un collegamento Internet a sbafo, di installare *Firefox* a un cliente di Genova e poi mettere *Safari* a uno di Santa Maria di Leuca, e infine scoprire di non essere in grado di farti pagare la benzina. Spesso sembri una persona pratica, che sa affrontare le situazioni difficili, ricavandone utile esperienza. Ma anche se stai con i piedi per terra si vede che ti lasci trasportare da idee folli e originali. Sognare non ti spaventa, e in fondo la vita che possiamo vivere è su questa Terra, e tu lo sai bene.

Maggioranza di risposte D

Evidente che sei un tantino pigro. A tale riguardo, hai una cattiva reputazione solo perché ti ha diffamato qualcuno che, caratterialmente, si avvicina alla maggior parte delle risposte C. Sai benissimo, però, che il mondo è progredito grazie a quelli come te: infatti chi ha inventato il telecomando era solo un pigro, stanco di alzarsi ogni volta per cambiare i canali della TV. La maggior parte delle invenzioni sono da attribuire a persone in gamba, ma fondamentalmente pigre. Hai mai pensato che scherzare un poco può essere divertente? Prendi la vita più alla leggera, sembri sempre troppo serio e pragmatico: non hai mai voglia di uscire dallo *standard.* Però forse dipende solo da come hai affrontato il test.

Se hai risposto con un numero equivalente di A, B, C, D

Ma come è possibile dare lo stesso numero di risposte alle domande? matematicamente c'è una sola probabilità su 1 000! Vuol dire che sei un asociale speciale. Un tipo simpatico che fa fatica a trovare il giusto equilibrio tra voglia di scherzare e la necessaria serietà professionale. Hai continui alti e bassi tra i due estremi ma così, forse, hai trovato il modo per renderti interessante nel mercato del lavoro, dato che non si sa mai come classificarti. Dotato di una mente multiforme, ogni tanto sai scegliere quando è il momento di ridere e quando è ora di essere seriosi. Vivi la vita con la giusta dose di praticità. Più di una donna sta facendo un pensierino su di te. Hai notato che quella brunetta sta facendo la patente europea del computer?

TERZA PARTE

Abilità varie

«Per rinfrancar lo spirito e ritemprar la mente»: così recita il sottotitolo di un noto periodico di enigmistica ricco di giochi logico-matematici e di prove per testare i riflessi e l'intelletto. Sono veri test di abilità, attitudinali e d'intelligenza. Originali e curiosi, spaziano in differenti campi del sapere e sono utilissimi per valutare le capacità e il livello di conoscenza su argomenti di cultura generale. I test attitudinali predicono la possibile prestazione futura in un ambito disciplinare in cui l'individuo non ha ancora ricevuto un'adeguata formazione. Alcuni di essi riguardano una consistente gamma di abilità, come la capacità generale di ragionamento, la percezione delle forme, la coordinazione motoria e le abilità manuali, qualità utili per poter intraprendere determinate occupazioni.

Al contrario dei test che valutano la personalità e le attitudini, i test d'intelligenza misurano la capacità generale di una persona di far fronte alle necessità della vita.

In questa terza parte del libro sono presenti anche alcuni esercizi di pensiero laterale, studiati per attivare i processi mentali che non tengono conto del ragionamento lineare al quale siamo abituati. Il pensiero cosiddetto "lineare" si compone di logica e razionalità, mentre il pensiero "laterale" presuppone l'abbandono di tutto ciò che sembra ovvio e scontato, per lasciare in libertà il pensiero creativo al fine di trovare una soluzione brillante.

Non è un segreto che le aziende utilizzino svariati test di abilità per vagliare le candidature orientate a una carriera di successo nel loro settore. Insomma, test non sempre usuali, ma con la capacità di stimolare comunque la curiosità. Da fare per il piacere personale oppure in compagnia degli amici.

Test 80

La cultura per te è un optional?

Ti senti solo e abbandonato. Sono le vacanze di Pasqua e la tua famiglia è in montagna, tu invece sei rimasto a sgobbare in città, altro che ferie! Alla TV, tanto per cambiare, non c'è niente di gradevole e al cinema da solo non ci vai. Perché non rispondere a un bel test di cultura generale? Non è dei più semplici e ti ci vorrà qualche minuto per rispondere alle domande. Ovviamente non vale consultare l'enciclopedia!

Rispondi, calcola il punteggio ottenuto e valuta tu stesso quanto sei colto. Coraggio, non essere timido! Pronti? Via!

1. Perché la storia e la scienza ricordano il francese Louis Pasteur?

A. È stato un valido astronomo. ☐
B. Ha inventato il microscopio elettronico. ☐
C. Ha raggiunto il polo sud. ☐
D. Ha scoperto il metodo per eliminare i microrganismi dannosi dagli alimenti con il calore. ☐
E. Ha scritto un libro di ricette macrobiotiche, rinvenuto pochi anni fa in un convento. ☐

2. Nei fumetti di Walt Disney, come si chiama la fattucchiera?

A. Angelina. ☐
B. Danielle. ☐
C. Mona. ☐
D. Lorelei. ☐
E. Amelia. ☐

3. Chi ha scritto i versi «Un uomo che vuol mutilarsi è ben dannato, vero? Mi credo all'inferno, dunque ci sono?».

A. George Byron. ☐
B. Arthur Rimbaud. ☐
C. Henry Miller. ☐
D. José Altafini. ☐
E. Pier Paolo Pasolini. ☐

4. *Quale pittore era solito dipingere diavoletti e diavolacci in paesaggi allucinati?*

A. Giorgio De Chirico. ☐
B. Vincent Van Gogh. ☐
C. Salvador Dalì. ☐
D. Hieronymus Bosch. ☐
E. Andy Warhol. ☐

5. *Che cos'è l'acido desossiribonucleico?*

A. Il DNA. ☐
B. Un acido per incisioni. ☐
C. Un detersivo. ☐
D. Il liquido che permette alle articolazioni di muoversi senza bloccarsi. ☐
E. La saliva. ☐

6. *Che cos'è il Ragnarök?*

A. Lo scontro decisivo che, secondo le credenze scandinave, porterà alla distruzione di tutti gli dèi nordici. ☐
B. Una *boy-band* hawaiana che fa musica rap. ☐
C. Un gioco da tavolo. ☐
D. Un aracnide che vive nell'Africa occidentale. ☐
E. Una preparazione cosmetica marocchina. ☐

7. *Secondo la terza legge della termodinamica (il principio di azione-reazione) applicata a un caso possibile, quale di questi eventi presumibilmente si verifica?*

A. La Terra ruoterà sempre intorno al Sole. ☐
B. Sarà possibile inventare un'automobile che si ricarica viaggiando. ☐
C. Una penna, in presenza di attrito, impiegherà meno tempo di un chilogrammo di acciaio a toccare il terreno, se lanciata dalla stessa altezza. ☐
D. Quando una pallina di gommapiuma viene stretta in mano, tenderà sempre a riprendere la propria forma all'apertura del pugno. ☐
E. Un boomerang che viene lanciato tornerà sempre indietro. ☐

8. Che cos'è la stipsi?

A. Un pesce tropicale. ☐
B. Un'altra definizione della sinusite. ☐
C. Un veicolo agricolo. ☐
D. La stitichezza. ☐
E. Un attrezzo del sommelier. ☐

9. Che cosa significa per un informatico la parola *loop*?

A. La sequenza di 0 e 1 del codice binario. ☐
B. Una sequenza di numeri che servono a ordinare vari insiemi finiti. ☐
C. È una sequenza di comandi che viene eseguita diverse volte, ma è scritta una volta sola. ☐
D. Una funzione che genera, oppure ordina, in maniera casuale un numero potenzialmente infinito di oggetti. ☐
E. I giri a vuoto fatti dal programmatore. ☐

10. Chi era Artemisia Gentileschi?

A. Una pittrice. ☐
B. Una irredentista italiana. ☐
C. Una delle mogli di Barbablù. ☐
D. Una spia della fine dell'Ottocento. ☐
E. L'inventrice dello striptease. ☐

Ora guarda le risposte e calcola il tuo punteggio.

Risposte esatte: 1. A=2, B=0, C=-2, D=5, E=0; 2. A=2, B=2, C=3, D=0, E=5; 3. A=4, B=5, C=1, D=2, E=1; 4. A=0, B=2, C=3, D=5, E=-2; 5. A=5, B=1, C=0, D=1, E=1; 6. A= 5, B=2, C=4, D=0, E=0; 7. A=0, B=-1, C=0; D=3, E=5; 8. A=-1, B=2, C=0, D=5, E=0; 9. A=0, B=0, C=5, D=1, E=-2; 10. A=5, B=0, C=4, D=2, E=0.

Da 0 a 10 punti

Beh, ecco non sei certo uno studioso. La cultura non fa per te, questo è un fatto. Ma che cosa facevi da piccolo invece di andare a scuola? I casi sono due: o ti rassegni e ti imponi altri interessi come il giardinaggio, la pesca o la cucina creativa, magari seguendo un bel corso; oppure potresti riprendere i libri trascurati e ricominciare dall'alfabeto.

Da 10 a 15 punti
Si può dire che dove non arriva l'ingegno ci pensa la fortuna! Hai fatto un mucchio di errori, ma forse la penna accompagnata dalla buona sorte ha segnato per te alcune risposte giuste. Non c'è dubbio, è il momento di buttarti nel gioco e quindi tenta con il Superenalotto: è sicuramente la volta buona!

Da 16 a 30 punti
Bene, hai dato alcune buone risposte. Si capisce che hai studiato e che ti piace mantenerti in forma non solo fisicamente. Sei curioso e ti mantieni aggiornato. Continua così!

Da 31 a 45 punti
Sei davvero molto, ma molto preparato. La tua cultura è varia e spazia tra gli argomenti più vari e svariati. Non c'è che dire: sicuramente quando parli tutti ti ascoltano con interesse per il tuo eloquio sempre brillante e colto. È ora di farti conoscere magari attraverso qualche *blog* culturale!

Oltre 46 punti
Sei davvero esagerato, perfetto e troppo primo della classe. Chissà a scuola come eri odiato! Saccente esagerato o furbo matricolato? Questo è il problema! Non è che consulti l'enciclopedia prima di rispondere alle domande?

Test 81

Mangi sano o no?

Quante volte ti capita di credere a ciò che senti dire o leggi su giornali e riviste relativo al cibo e alla cura della persona?

Non fermarti alla superficie e approfondisci le tue conoscenze!

1. Il pane integrale fornisce meno calorie di quello normale.
vero ☐ **falso** ☐

2. Un'alimentazione priva di carboidrati può favorire l'osteoporosi.
vero ☐ **falso** ☐

3. Le creme idratanti prevengono la cellulite.
vero ☐ **falso** ☐

4. Il succo di frutta può sostituire una porzione di frutta.
vero ☐ **falso** ☐

5. Il vino viene raccomandato nelle diete.
vero ☐ **falso** ☐

6. Se mastichi lentamente, mangi meno.
vero ☐ **falso** ☐

7. Sebbene sia ricco di calorie, il miele aiuta a perdere peso.
vero ☐ **falso** ☐

8. La frutta secca è meno digeribile di quella fresca.
vero ☐ **falso** ☐

9. L'alcol ha più calorie dello zucchero.
vero ☐ **falso** ☐

10. La verdura surgelata contiene gli stessi elementi nutritivi di quella fresca.
vero ☐ **falso** ☐

11. Indossare indumenti che fanno sudare durante l'attività fisica fa perdere peso.
vero ☐ **falso** ☐

12. La caffeina impedisce l'assorbimento di calcio.

vero ☐ **falso** ☐

13. Il cioccolato dà molta energia.

vero ☐ **falso** ☐

14. Il cioccolato fa bene al cuore.

vero ☐ **falso** ☐

Risposte corrette:

1. **Falso**. Tutte e due le tipologie di pane hanno quasi le stesse calorie. Il pane fatto con la farina integrale è ritenuto migliore perché contiene più fibre e anche più calorie, ma proprio grazie alla sua composizione è più nutriente quindi se ne mangia meno.

2. **Vero**.

3. **Vero**. Nelle creme idratanti di solito è presente il coenzima Q10, che stimola la circolazione sanguigna.

4. **Falso**. Nei succhi di frutta le vitamine A e C sono ridotte a causa dei trattamenti cui sono sottoposti, in più ai succhi vengono uniti agli zuccheri.

5. **Falso**. Le bevande alcoliche, oltre a essere caloriche, sono sconsigliate perché, favorendo i succhi gastrici, fanno aumentare l'appetito e non a caso gli aperitivi in genere contengono alcol.

6. **Vero**.

7. **Vero**. Bevendo un'ora prima del pasto un bicchiere d'acqua con del miele, si alza la glicemia e quindi il senso di fame si attenua.

8. **Falso**. La frutta secca è più calorica di quella fresca perché contiene meno acqua, ma è ricca di ricca di elementi nutritivi ed è digeribile esattamente quanto quella fresca.

9. **Vero**. L'alcol ha 7 calorie in 1 g mentre lo zucchero soltanto 4 calorie in 1 g. In più, i nutrienti dello zucchero sono subito assimilabili, mentre quelli dell'alcol richiedono un lavoro superiore all'organismo.

10. **Vero**.

11. **Falso**. Il caldo eccessivo fa sì sudare, ma non fa diminuire i grassi, quindi il peso resta uguale.

12. **Vero**.

13. **Vero**. Per lavorare al cervello serve il glucosio e il cioccolato ne è ricco.

14. **Vero**. Due cucchiaini di cacao amaro al giorno aiutano a ridurre il rischio di infarto cardiaco: il cioccolato fondente, infatti, sembra avere proprietà antiaggreganti simili a quelle dell'aspirina.

Test 82

Punti e virgole: questi sconosciuti!

È passato quasi un secolo da quando James Joyce ha dato alle stampe il suo capolavoro, *Ulysses,* un romanzo lunghissimo privo di punteggiatura. Tu, invece, usi la punteggiatura? E come la sai usare? Ti senti padrone anche di questo aspetto della lingua italiana? Prova!

Hai a disposizione:

9 punti fermi
8 virgole
1 punto e virgola
2 due punti
1 punto interrogativo
1 coppia di parentesi
1 coppia di virgolette
1 coppia di trattini

Ora inserisci tutti i segni d'interpunzione al posto giusto, maiuscole comprese. Hai due minuti di tempo.

Il negozio del parrucchiere è un luogo perfetto per confessarsi e ricevere un'assoluzione collettiva il massimo in una nazione dall'anima cattolica come l'Italia dal parrucchiere non ci si può annoiare basta osservare la gente uno spettacolo imperdibile pensate che i due aspetti confessarsi e dare spettacolo non siano compatibili in altri negozi può essere ma non dal parrucchiere lì tutti parlano con tutti lì non conta più l'avere una diversa estrazione sociale le barriere culturali cadono inesorabilmente e durante le lunghe attese provate a seguire una conversazione preferibilmente tra due casalinghe di mezza età vi divertirete un mondo udendo le loro lamentele verso un marito che lascia in giro i calzini sporchi che sporca laddove loro hanno appena pulito che non butta mai la spazzatura e che ha un'insana passione per il calcio fanno 80 euro grazie certo l'assoluzione costa un po' cara ma dopo ci si sente molto meglio.

Soluzione:

Il negozio del parrucchiere è un luogo perfetto per confessarsi e ricevere un'assoluzione collettiva; il massimo, in una nazione dall'anima cattolica come l'Italia. Dal parrucchiere non ci si può annoiare, basta osservare la gente: uno spettacolo imperdibile. Pensate che i due aspetti – confessarsi e dare spettacolo – non siano compatibili? In altri negozi, può essere. Ma non dal parrucchiere. Lì tutti parlano con tutti. Lì non conta più l'avere una diversa estrazione sociale, le barriere culturali cadono inesorabilmente. E durante le lunghe attese provate a seguire una conversazione (preferibilmente tra due casalinghe di mezza età). Vi divertirete un mondo udendo le loro lamentele verso un marito che lascia in giro i calzini sporchi, che sporca laddove loro hanno appena pulito, che non butta mai la spazzatura e che ha un'insana passione per il calcio. «Fanno 80 euro, grazie»: certo l'assoluzione costa un po' cara, ma dopo ci si sente molto meglio.

Test 83

La logica è il tuo forte?

Questo test è particolarmente complicato, ma anche molto soddisfacente appunto per la sua difficoltà. Leggilo e risolvilo con calma. Fallo mentre sei rilassato perché potresti innervosirti! Buon divertimento.

Leggi, rifletti e rispondi, ma rifletti bene mi raccomando!

1. In questa serie quale lettera viene subito dopo?

A Z V B U T ...

2. La igienistica riguarda:

salute
acqua
abbigliamento
oreficeria

3. Quante lettere vengono subito prima di un numero dispari e dopo un numero maggiore di 6 in questa sequenza:

8 Z C 9 A 2 B 3 19 C 4 T 9 D 2 E 17

4. Qual è il significato di ambiguità?

devozione
partecipazione
equivocità
pena

5. Uccello sta a pesce come aeroplano sta a:

dentice
barca
delfino
nave
sottomarino

6. ABD sta a CBA come QRT sta a ...

7. Nessun gatto canta, ma alcuni gatti parlano. Se è così allora:
Alcuni gatti sanno cantare.
Tutti i gatti non sanno parlare.
Tutti i gatti non sanno cantare.

8. Nessun uomo risulta buono, ma alcuni uomini non sono cattivi. Pertanto:
Tutti gli uomini non sono cattivi.
Nessun uomo risulta cattivo.
Tutti gli uomini non sono buoni.

9. Queste parole si possono disporre in modo che creino una frase: «un in sono numero di più un cappelli due cappello».
falso
vero

10. Le calze hanno sempre:
cuciture
reggicalze
peso
aderenza

Da 0 a 3 punti
Che delusione! L'istruzione non fa per te. Ma in realtà, ci fai o ci sei? Rileggi e prova ancora!

Da 4 a 7 punti
Potresti fare di più! Guarda meno la TV e leggi qualche buon libro.

Da 7 a 10 punti
Bene, bene, bene. Continua così!

Ecco le risposte corrette: 1. C; 2. Salute; 3. 2; 4. Equivocità; 5. Sottomarino; 6. SRQ; 7. Tutti i gatti non sanno cantare; 8. Tutti gli uomini non sono buoni; 9. Vero; 10. Peso.

Test 84

Che bello indovinare! Sei pronto?

Dietro agli indovinelli si cela spesso una buona dose d'intelligenza e ironia. Sei capace di rispondere a queste divertenti domande magari sorseggiando una bibita sotto l'ombrellone e sfidando gli amici? Prova, e poi chi perde paga da bere!

Rispondi agli indovinelli e verifica subito le tue risposte.

1. Se le unisci, dividono. Che cosa sono?

2. Ha le braccia ma non le mani; ha il collo ma non la testa. Che cos'è?

3. È tuo, ma lo adoperano quasi sempre gli altri! Che cos'è?

4. Sotto eccitazione, si ingrandisce 7 volte la sua misura originale, che cos'e?

5. Che cos'è che pur non muovendosi, va ovunque?

6. Sapete qual è la differenza tra uno stupido e uno specchio?

7. Chi la fa, la fa per vendere, chi la compra non la usa, chi la adopera non la vede. Che cos'è?

8. In una casa ci sono tre fratelli, a volte sono brutti e a volte sono belli. Il primo non c'è perché sta uscendo, il secondo non c'è perché sta venendo, c'è solo il terzo, il più piccolino, ma quando lui manca nessun degli altri due c'è. Chi sono?

9. Sai qual è l'unico animale che restò fuori dall'arca di Noè?

10. Si può vedere, ma non si può toccare, che cos'è?

11. Stai sognando: sei a un incrocio e vuoi andare a destra, ma a un certo punto ti accorgi che hai dei dinosauri affamati a destra. Allora decidi di andare a sinistra, ma ti accorgi che ci sono almeno tre leonesse a caccia. E anche sotto di te e sopra hai dei vermi giganti e degli uccelli carnivori. Che cosa fai?

12. Com'è possibile dividere a metà 12 e ottenere 7?

13. Sai dire dove si trova quel posto nel quale i fiumi si attraversano a piedi asciutti e in un batter d'occhio si va da una città all'altra?

14. Tre macchine partono da Genova e devono arrivare a Pisa. Premesso che hanno la stessa velocità e compiono lo stesso percorso, perché due impiegano 1 ora e 20 minuti, mentre l'altra ne impiega 80?

15. Quando sono con i miei fratelli e le mie sorelle sono rosso. Quando mi strofini contro un qualcosa di rosso e ruvido divento giallo. Quando mi soffi divento nero. Che cosa sono?

E ora le risposte:

1. Le forbici.
2. La camicia.
3. Il cognome.
4. La pupilla. A che cosa avevi pensato?
5. La strada.
6. Lo specchio riflette senza parlare, mentre lo stupido parla senza riflettere.
7. La bara.
8. Il passato, il futuro e il presente.
9. Il pesce.
10. L'ombra.
11. Ti svegli.
12. Si prende XII e lo si divide a metà orizzontalmente. La parte di sopra è VII.
13. Sulla carta geografica.
14. Un'ora e 20 minuti e 80 minuti sono la stessa cosa.
15. Il fiammifero.

Test 85

Sai tutto, ma proprio tutto, su Harry Potter?

La saga del maghetto Harry Potter è il vero caso letterario degli ultimi anni: letto dai bambini, ma anche dai ragazzi e dagli adulti, il geniale giovane apprendista mago ha saputo conquistare il cuore di milioni di lettori in tutto il mondo. Ma tu che lo hai letto e che aspetti ansiosamente che l'ultimo volume della saga sia tradotto in italiano, tu lettore più o meno in erba, sai davvero tutto sul tuo giovane eroe? E che cosa mi sai dire della sua famiglia e dei suoi amici? Ti senti davvero un "harrypotterologo"? Dimostralo rispondendo a questo percorso di quesiti, alla fine se ne sarai meritevole sarai dichiarato anche tu uno studente modello di Hogwarts!

PRIMA PARTE

Domande semplici, basate sugli avvenimenti più conosciuti. Attribuisciti un punto per ogni risposta esatta. E se raggiungi almeno 4 punti sei promosso alla seconda parte!

1. Qual è il binario della stazione di King's Cross in cui si può prendere il treno magico che porta a Hogwarts?

A. 7. ☐
B. 8 e 1/2. ☐
C. 9 e 3/4. ☐

2. Chi è Hagrid?

A. Un troll. ☐
B. Un mezzogigante. ☐
C. Un orco. ☐

3. Come viene chiamata la casa della famiglia di Ron Weasley?

A. La tana. ☐
B. La villa. ☐
C. Il nido. ☐

4. In *Harry Potter e la pietra filosofale* Harry scopre di avere un grande talento per lo sport del Quidditch. In quale ruolo?

A. Battitore. ☐
B. Cercatore. ☐
C. Cacciatore. ☐

5. Chi sono i nemici di Harry?

A. Tiger, Draco. ☐
B. Ron, Hermione. ☐
C. Luna, Cho. ☐

Soluzioni: 1. C; 2. B; 3. A; 4. B; 5. A.

Se hai totalizzato almeno 4 punti sei promosso, con 2 punti sei rimandato all'inizio, con 3 conosci alcune informazioni basilari su Harry, ma puoi fare meglio.

SECONDA PARTE

Questa sezione è basata sui primi tre libri della saga. Se li hai letti le domande non dovrebbero essere troppo complicate.

1. Che cos'è la camera dei segreti?

A. La casa di un basilisco che vi uccideva i figli dei babbani. ☐
B. Un'aula dove i maghi studiavano alchimia. ☐
C. Una stanza per riunioni segrete. ☐

2. In *Harry Potter e la camera dei segreti*, Harry arriva *a scuola in un modo molto particolare...*

A. Con il treno magico. ☐
B. In groppa all'ippogrifo. ☐
C. Su una vecchia Ford Anglia volante. ☐

3. Chi è Severus Piton?

A. Professore di cura delle creature magiche. ☐
B. Professore di pozioni. ☐
C. Professore di gufologia. ☐

4. Chi è Norberto?

A. Un drago. ☐
B. Un cavallo. ☐
C. Un ippogrifo. ☐

5. Come si chiama il padrino di Harry?

A. Cormac McLaggen. ☐
B. Sirius Black. ☐
C. Ludovic Bagman. ☐

Se hai totalizzato almeno altri 4 punti sei promosso alla terza parte. Se hai 3 punti sei abbastanza ferrato su Harry e le sue avventure ma non è ancora sufficiente. Se i punti sono solo 2, rileggilo per rinfrescare la memoria. Ma solo superando l'ultima parte potrai considerarti un vero esperto!

Soluzioni: 1. A; 2. C; 3. B; 4. A; 5. B.

TERZA PARTE

È per veri esperti! Ma saprai cavartela. Le regole sono sempre le stesse. Buona magica fortuna!

1. Quali sono i nomi dei campioni scelti per rappresentare le tre scuole di magia nel torneo del Calice di Fuoco?

A. Fred Weasley, Victor Krum, Harry Potter. ☐
B. Cedric Diggory, Fleur Delacour, Victor Krum, Harry Potter. ☐
C. Draco Malfoy, George Weasley, Harry Potter. ☐

2. Che cos'è lo ES (Esercito di Silente)?

A. Un gruppo di maghi che contrastano i maghi oscuri. ☐
B. Una vecchia organizzazione creata da Silente. ☐
C. Un gruppo con a capo Harry che insegna agli altri membri incantesimi di difesa contro le Arti Oscure. ☐

3. Dei sette Horcrux creati da Voldemort, solo due sono stati ritrovati e distrutti in Harry Potter e il principe mezzosangue:

A. Il diario di Tom Riddle e l'anello nero dei Gaunt. ☐

B. La coppa di Tassorosso e il serpente di Voldemort. ☐
C. Il medaglione di Serpeverde e la spada di Grifondoro. ☐

4. Tra gli altri, chi muore nella battaglia di Hogwarts di cui si racconta in *Harry Potter e i doni della morte?*

A. Draco Malfoy. ☐
B. La professoressa McGrannit. ☐
C. Tiger. ☐

5. Diciannove anni dopo, nell'epilogo della storia:

A. Harry, Ron e Hermione si rincontrano per combattere un nuovo nemico. ☐
B. Tutti i personaggi principali si incontrano alla stazione del treno che porta a Hogwarts con i loro figli. ☐
C. Ron e Hermione, ormai marito e moglie, raccontano ai loro figli la storia del loro amico Harry. ☐

Soluzioni: 1. B; 2. C; 3. A; 4. C; 5. B

Se hai risposto correttamente ad almeno 4 di queste ultime domande sei promosso a vero esperto di Harry Potter! Per te la saga delle avventure del maghetto non ha segreti!

Test 86

Sai guardare oltre?

Eccoti nove facili quesiti che hanno come protagonista il calcolo matematico legato a una logica “stringente”. Non farti impressionare: le risposte sono semplici, anche un bambino delle elementari può rispondere senza difficoltà!

Controlla le tue risposte e segna un punto per ogni domanda cui hai risposto correttamente. Non usare la calcolatrice, non serve! Va da sé che più risposte giuste dai più “matematico” sei!

1. Nella fattoria di mio zio vivono diversi animali.
Sono tutti tori meno 4. Sono tutte mucche meno 4.
Ci sono tanti cavalli quanti bovini, il resto sono galline.
Quanti e quali animali ci sono nella fattoria di mio zio?

2. Fino a quando un cacciatore
può addentrarsi in un bosco?

3. Hai due caraffe uguali. La prima contiene un litro di latte
e la seconda un litro di caffè. Prelevi un cucchiaio di latte,
lo versi nel caffè e rimescoli. Poi prendi un cucchiaio
della miscela di latte e caffè che hai appena ottenuto
e lo versi nel latte. Dopo queste operazioni
c’è più latte nel caffè o caffè nel latte?

4. Apri lo sportello del frigorifero. La temperatura
al suo interno aumenta o diminuisce?

5. Perché i cinesi mangiano
più riso dei coreani?

6. Diego e Maria misurano la lunghezza di un corridoio a passi.
Francesca fa 10 passi e Marco 12.
Chi ha il passo più corto?

7. Durante una gara automobilistica, due ruote di un'auto percorrono 28 km e le altre due ruote ne percorrono 29. Le ruote non vengono sostituite e sono sempre le stesse per tutta la durata della gara. Come si spiega?

8. Quante volte si può togliere 8 da 48?

9. Dividi 40 per 1/2 e somma 10. Quanto ottieni?

Meno di 4 punti

Sei davvero una frana! Non hai un figlio o una sorellina che ti possano aiutare? O forse non hai riflettuto a sufficienza. Per il futuro, non avere fretta e applicati seriamente, ce la puoi fare.

Da 4 a 6 punti

Bravo, direi che sei vicino all'eccellenza, impegnati solo un poco di più e vedrai i risultati.

Da 7 a 10 punti

Complimenti! Sei intelligente e sottile, sai davvero guardare oltre e sfruttare al massimo la tua arguzia e preparazione. Continua così, ma non cercare di impadronirti del mondo!

Soluzioni:

1. Una mucca, un toro, due cavalli e una gallina. Provare per credere.
2. Fino a quando giunge alla metà del bosco. Da quel momento in poi non si addentra più nel bosco, ma ne esce.
3. Tanto uguale. Infatti, dopo le operazioni, il livello nelle due caraffe è lo stesso. Quindi lo scambio deve essere stato "alla pari".
4. Aumenta.
5. Perché sono di più.
6. Marco.
7. L'auto è su una pista circolare. Le due ruote all'interno della curva percorrono una circonferenza di una certa lunghezza. Le ruote all'esterno della curva percorrono una circonferenza più lunga della prima.
8. Una. La seconda volta lo togli da 40 e non da 48.
9. 70 (40 diviso 1/2 = 80; 80+10=90).

Test 87

Il bacio per te conta davvero? ♀

E vai, finalmente in vacanza e, se il cuore è libero, quale momento migliore per un flirt che magari si può trasformare in vero amore? Sei pronta quindi a baciare il tuo nuovo ragazzo?

Mettiti alla prova con questo coinvolgente test.

1. Quando eri piccola ti sei mai baciata allo specchio?

- **A.** Baciare lo specchio? Per quale motivo? Capirai, e poi chi lo pulisce? No! ☐
- **B.** Ma che schifezza. ☐
- **C.** Certamente, avresti preferito che si trattasse di un bel principe, comunque ci hai provato. ☐
- **D.** Solo lo specchio? Hai provato con la tua ultima bambola, un'arancia, una mela e con qualunque cosa ti sembrasse utile allo scopo. ☐

2. Mentre baci la tua lingua è...

- **A.** Non ne parli, sei pudica per queste cose, comunque come capita. ☐
- **B.** Curiosa ed esploratrice. ☐
- **C.** Passiva. ☐
- **D.** Molto eccitante. ☐

3. Secondo te com'è il bacio perfetto?

- **A.** Ancora non l'hai dato. ☐
- **B.** Piacevole per entrambi. ☐
- **C.** Breve, ma intenso. ☐
- **D.** Lungo e passionale, stretti in un abbraccio difficile da districare. ☐

4. Che sensazione provi prima di baciare un nuovo ragazzo?

- **A.** Sei preoccupata all'inverosimile. Hai paura e ti chiedi come sarà e come ti dovrai comportare. ☐

B. Dipende, certe volte sei entusiasta, altre temi di baciare peggio delle sue ex e speri che non ti giudichi male! ☐
C. Di solito, cerchi di fare con calma e delicatezza, così vi conoscete e riuscite a capire quale sia il giusto ritmo. ☐
D. Tanta è la foga che succede regolarmente che battete i denti o i nasi uno contro l'altro. Poi scoppiate a ridere e ricominciate. ☐

5. *Sapresti indovinare come lui sarà nell'intimità semplicemente da come bacia?*

A. Solitamente sei concentrata su te stessa, non badi al suo modo di baciare. ☐
B. Ti fai un'ottima idea di lui immaginandolo mentre ti bacia: dolce, tenero, delicato, appassionato, sexy, disarmante. ☐
C. Il più delle volte le due cose sono collegate: anche se capita di restare deluse. ☐
D. Dalla tua esperienza sei certa che le due cose sono strettamente collegate. ☐

6. *Qualcuno ha mai commentato i tuoi baci?*

A. Nessuno, forse non sono così spettacolari. ☐
B. Capita a volte. Fa sempre piacere. ☐
C. Solo una volta: forse gli altri sono stati troppo timidi per commentare. ☐
D. Non a voce, ma senti l'apprezzamento da come si muove e da come entra in confidenza con la tua tecnica. ☐

7. *Che voto daresti ai tuoi baci?*

C. Quattro: non sei soddisfatta di te, dovresti essere meno nervosa. ☐
A. Cinque: non hai abbastanza esperienza in fatto di baci per poterti dare la sufficienza. ☐
B. Sette: ottimi baci, ma c'è sempre il rischio di un errore dovuto all'emozione. ☐
C. Un dieci di sicuro: dei baci perfetti, non c'è nulla da migliorare. ☐

8. Dopo tanti anni le coppie smettono di baciarsi. Come si può fare per evitare questo problema e fare rivivere il sentimento del bacio?

A. Non hai una relazione da così tanto tempo per poter commentare una notizia simile. ☐

B. Davvero triste. La vita diventa impegnativa, ma arrivare addirittura a non baciarsi più è troppo, bisogna trovare il tempo per dedicarsi alla propria vita di coppia. ☐

C. Non ti stupisce. La passione non può durare per sempre. ☐

D. È terribile. Il sesso e i baci non possono sparire, e il bacio è il momento più intimo della vita di una coppia, il momento che unisce di più due persone che si amano. ☐

Maggioranza di risposte A

Ti serve ancora un po' di esperienza. Non sei ancora abbastanza sciolta durante i baci: un poco per la tensione, un poco per la scarsa esperienza, fatto sta che non vivi pienamente il magico momento che ti capita. Per questo motivo cerca di essere più libera, goditi le vacanze, e soprattutto vai a caccia: solo provando e riprovando s'impara!

Maggioranza di risposte B e C

Buon risultato, ma cerca di essere più libera. Si può migliorare. Baci bene, ma può sempre scattare in te quel qualcosa che rischia di rovinare l'estasi del momento. Attenta che le occasioni vere vengono raramente, e ogni lasciata è persa! Tranquilla, un sospiro, e poi lanciati nei tuoi baci.

Maggioranza di risposte D

Che dire? Sei un'esperta e non ti serve nessun consiglio! Però non dare nulla per scontato: ogni ragazzo e ogni situazione sono diversi e bisogna essere pronti ed elastici anche a cambiare metodo e atteggiamento! Comunque, complimenti per la bravura istintiva.

Test 88

Senza pagare il conto

Sei capace di risolvere questo problema apparentemente fuori da ogni logica? Ricorda che non ci sono "strani trucchi" né giochi di parole.

Un uomo entra in un ristorante molto costoso e raffinato. Mangia un pranzo abbondantissimo e lascia un assegno. Tuttavia il pranzo non gli costa neanche un euro. Com'è possibile?

Dati aggiuntivi che devi conoscere:

A. L'assegno è perfettamente regolare e non è in bianco.
B. Il conto corrente bancario è il suo, con soldi che lui si è guadagnato lavorando.
C. La firma sull'assegno è la sua.
D. L'uomo non è il padrone del ristorante né parente del padrone, anzi è la prima volta in vita sua che entra in quel ristorante dove non conosce nessuno.
E. Con l'espressione «Non gli costa neanche un euro» si intende che non gli è costato nulla e non che ha pagato in dollari o in qualche altra valuta: l'assegno è in euro.

Prima di affrettarti a leggere la soluzione proposta qui sotto, ricorda queste regole generali: la soluzione di questo genere di problemi passa attraverso un tipo di pensiero che siamo poco abituati ad attivare, chiamato "pensiero laterale". Vale a dire che, se non posso entrare dalla porta, posso provare dalla finestra. E se nemmeno così riesco a trovare un passaggio, posso sempre prendere una scala a pioli e salire sul balcone del primo piano. Insomma, è necessario pensare in modo non convenzionale, proprio come facevamo da piccoli, quando non mettevamo limiti alla fantasia.

Soluzione proposta: l'uomo è un attore molto noto della TV e il titolare del ristorante non incassa l'assegno, ma lo tiene per avere un autografo del personaggio famosissimo.

Test 89

Test d'intelligenza logica

Un test per mettere alla prova le proprie abilità logiche. Non misura l'intelligenza globale di una persona poiché questa è composta da molti elementi diversi tra loro e difficilmente indagabili con un semplice test, tuttavia fornisce una stima interessante del livello di prontezza mentale e delle capacità logiche. Un buon esercizio per scaldare la mente.

1. Come continua questa serie di numeri? 3 4 6 9 13 18 ...

A. 21 ☐
B. 22 ☐
C. 23 ☐
D. 24 ☐

2. E questa come continua? 1 4 10 22 46 94 ...

A. 188 ☐
B. 190 ☐
C. 200 ☐
D. 47 ☐

3. Quale delle seguenti parole non ha a che fare con le altre?

A. Topo. ☐
B. Balena. ☐
C. Serpente. ☐
D. Gatto. ☐

4. Completa la seguente frase: «L'automobile sta al telaio come il corpo sta...».

A. Alla pelle. ☐
B. Al sangue. ☐
C. Al cervello. ☐
D. Allo scheletro. ☐

5. Se ho 9 mele, 4 le metto da parte e mangio tutte le altre tranne 2: quante mele mi rimangono?

A. 4 ☐
B. 5 ☐
C. 6 ☐
D. 7 ☐

6. Io sono un uomo. Se il figlio di Antonio è il padre di mio figlio, chi sono io per Antonio?

A. Il padre. ☐
B. Il figlio. ☐
C. Il nipote. ☐
D. Il nonno. ☐

7. Se Giuseppe è alla mia destra e io sono alla destra di Giuseppe, egli è rivolto verso:

A. Il senso opposto al mio. ☐
B. Il mio senso. ☐
C. La mia destra ☐
D. La mia sinistra. ☐

8. Uno sta a 1.000.000 come un granello di sabbia sta a...

A. Mare. ☐
B. Sabbia. ☐
C. Spiaggia. ☐
D. 1.000.000 di granelli di sabbia. ☐

9. Anagrammando la parola "tuono" puoi ottenere un sostantivo che ha a che fare con:

A. Pioggia. ☐
B. Acqua. ☐
C. Treno. ☐
D. Cinema. ☐

10. Aia sta a 191 come ceffo sta a...

A. 357715 ☐
B. 356615 ☐

C. 516653 ☐
D. 33615 ☐

11. Se R è 2, D è 3, T è 1, U è 6, E è 0: quanto fa due diviso tre?

A. 0,6666666 ☐
B. 1,5 ☐
C. 3 ☐
D. 33 ☐

12. 32 minuti prima delle 19:00 equivale a:

A. 28 minuti dopo le 18:00 ☐
B. 18:36 ☐
C. 6:28 ☐
D. 20:28 ☐

13. Se a una gara il terzo concorrente ti supera, in quale posizione ti trovavi prima di essere scavalcato?

A. Quarta. ☐
B. Terza. ☐
C. Seconda. ☐
D. Prima. ☐

Controlla le risposte esatte e poi leggi la tua valutazione:

Da 0 a 5 risposte
Secondo me hai barato e hai sbagliato di proposito! O forse ti sei appena svegliato dopo una nottata in discoteca, colazione sulla spiaggia e giretto sul lungomare per vedere l'alba. In caso contrario potresti realmente rappresentare un serio pericolo per te e per chi ti sta intorno. Potresti cominciare ad allenarti mentalmente con un buon settimanale di enigmistica oppure seguendo delle lezioni di matematica e fisica.

Da 6 a 10 risposte
Ti sei comportato abbastanza bene, e comunque nella norma. Le risposte non erano ovvie e banali e tu hai tenuto loro testa con onore.

Risposte: 1. D; 2. B; 3. C; 4. D; 5. C; 6. B; 7. A; 8. D; 9. B; 10. B; 11. C; 12. A; 13. C.

Nel caso ti interessasse approfondire questo genere di test per poter superare brillantemente un concorso in banca, o in comune come vigile urbano, sappi che puoi trovare in libreria numerosi e validi manuali di preparazione. In ogni caso sei sulla strada giusta e i tuoi amici di sicuro ti considerano una persona affidabile.

Da 11 a 13 risposte

Sei da assumere subito come collaboratore di fiducia! I quesiti non erano semplici: quindi complimenti sinceri per la tua capacità logica. Sappi che personaggi famosi del calibro di Bill Gates non superano quasi mai le dieci risposte esatte in questo genere di test. Sei un personaggio da tenere stretto sia nella sfera affettiva sia nel campo degli affari. Abile risolutore, dai sempre la necessaria sicurezza a chi ti sta accanto. A meno che tu non sia un camaleontico e pedante saccentone abile solo nei test.

Test 90

Quanto sei esperto in matematica?

Sei un vero asso, capace di sostenere ogni prova e conversazione in materia oppure non ricordi neanche la tabellina del sette? Rispondendo a queste 15 domande avrai una seria indicazione del tuo livello di preparazione in materia.

Al termine del test conoscerai anche il tuo profilo!

1. I numeri primi sono quelli...

A. Divisibili per se stessi o per 1. ☐
B. Senza i decimali. ☐
C. Prima di altri nella serie naturale. ☐

2. Che cos'è una proporzione?

A. Una serie di rapporti. ☐
B. L'uguaglianza di due rapporti. ☐
C. L'uguaglianza fra moltiplicazioni. ☐

3. Che cos'è una potenza?

A. Una moltiplicazione fra termini diversi. ☐
B. Una moltiplicazione fra termini uguali. ☐
C. Un'addizione di termini uguali. ☐

4. Nella proprietà commutativa dell'addizione, la somma degli addendi non cambia...

A. Cambiando l'ordine degli stessi. ☐
B. Se si moltiplicano per lo stesso numero. ☐
C. Se si sostituiscono con la loro somma. ☐

5. Come si calcola l'area del cerchio?

A. Raggio x perimetro. ☐
B. Raggio x 3,14. ☐
C. Raggio x raggio x 3,14. ☐

6. Quante rette passano per un solo punto?

A. Una. ☐
B. Infinite. ☐
C. Nessuna. ☐

7. Tra due numeri negativi il maggiore è ...

A. Quello positivo. ☐
B. Quello negativo. ☐
C. Quello che ha il valore assoluto minore. ☐

8. Che cos'è un polinomio?

A. La somma di monomi non simili fra loro. ☐
B. Un'espressione con sole moltiplicazioni. ☐
C. Un'espressione di somme e sottrazioni. ☐

9. Se al numero 0,888 si addiziona un solo centesimo che cosa si ottiene?

A. 0,8881. ☐
B. 0,889. ☐
C. 0,898. ☐

10. Indica l'espressione numerica che traduce esattamente la frase: «Aggiungi 3 al prodotto di 5 e 7, quindi dividi per 2 e sottrai 8».

A. (3 + 5 + 7) : (2 - 8) ☐
B. (3 + 5 x 7) : 2 - 8 ☐
C. 3 + 5 + 7 : 2 - 8 ☐

11. Il doppio di 3/4 è...

A. 3/8. ☐
B. 6/8. ☐
C. 3/2. ☐

12. Donatella invita al compleanno 25 compagni. Volendo offrire a ciascuno e a se stessa 1/8 di torta, quante torte intere deve comperare?

A. 8 ☐
B. 3 ☐
C. 4 ☐

13. Qual è il significato della proposizione «Paolo non è più alto di Mario»?

A. Paolo è alto come Mario o più basso. ☐
B. Mario è alto come Paolo o più basso. ☐
C. Paolo è più basso di Mario. ☐

14. Calcola il valore risultante dalla seguente espressione:
17 + [13 + (2 + 8) + (21 - 9)]

A. 48 ☐
B. 52 ☐
C. 33 ☐

15. Che cosa significa la seguente espressione insiemistica:
C uguale A U B

A. L'insieme C è uguale all'insieme unione di A e B. ☐
B. L'insieme C è l'intersezione di A e B. ☐
C. L'insieme A è incluso in B ed è uguale C. ☐

Controlla le risposte e calcola il tuo punteggio:

Da 0 a 5 risposte: insufficiente.
Forse dovresti vergognarti un pochino del risultato ottenuto, visto che hai centrato meno di 5 risposte esatte. Evidentemente la matematica non è il tuo punto di forza e a scuola la materia ti ha sempre creato problemi non indifferenti. Anche se sembri non avere una predisposizione naturale per i numeri, un ripasso dei libri di testo, la lettura di riviste specializzate e l'esecuzione periodica di test a sfondo logico-matematico potrebbero probabilmente colmare alcune delle tue pericolose lacune. Se invece sei solo svogliato, perlomeno non mancare di memorizzare i risultati corretti di questo test. Ricordati che la matematica è alla base del successo di molti personaggi famosi.

Da 6 a 10 risposte: intermedio.
Il risultato ottenuto indica che in linea generale la tua preparazione matematica può anche definirsi soddisfacente, senza tuttavia distinguerti in modo particolare. A scuola non hai mai brillato eccessivamente in materia anche perché essa non destava in te particolare interesse. Hai comunque una certa predisposizione che puoi svilup-

pare ripassando i sacri libri di testo ed esercitandoti periodicamente con test e quiz a sfondo logico-matematico.

Da 11 a 15 risposte: distinto.

Il risultato ottenuto indica che possiedi discrete conoscenze e potenzialità in materia e questo ti distingue sensibilmente dal livello "medio" dell'italiano comune. Probabilmente a scuola eri tra i preferiti dal tuo insegnante di matematica e ancora oggi mostri una discreta sicurezza nell'affrontare prove e discussioni attinenti la materia. La tua predisposizione ti consente di esercitarti periodicamente con test e quiz a sfondo matematico con soddisfazione e divertimento.

Risposte corrette: 1. A; 2. B; 3. B; 4. A; 5. C; 6. B; 7. C; 8. A; 9. C; 10. B; 11. C; 12. C; 13. A; 14. B; 15. A

Test 91

Dopo pranzo, il caffè

Spremerti le meningi è come respirare per te? Vuoi tenere in scacco per un'intera serata il tuo gruppo di amici? Ecco il test giusto per il dopocena di una noiosa giornata di pioggia.

Prova a trovare la soluzione a questo strano episodio.

> **Un uomo entra in un bar e chiede al barista un caffè. Quando gli viene servito si rende conto che nel suo caffè c'è una mosca. Seccato richiama il barista per farsene portare uno nuovo, ma quando inizia a sorseggiarlo va su tutte le furie perché sostiene che il caffè è lo stesso di prima. Come ha fatto ad accorgersene?**

Dati aggiuntivi: l'uomo non ha ascoltato niente di strano. Il caffè viene preparato in un'altra stanza, fuori dalla sua vista.

Soluzione del misterioso episodio: l'uomo si è reso conto che il suo caffè è già dolce. Questo gli fa capire che è lo stesso caffè che aveva zuccherato precedentemente, quello con la mosca.

Test 92

Cavalli, ombrelli e finestre

Di fronte a un problema, abbiamo due alternative: affrontarlo frontalmente in maniera da rimuovere di forza l'ostacolo, oppure esaminarlo in modo trasversale, aggirandolo. Aggirare non significa rimandare o evitare il problema. Vuol dire compiere un'azione che in apparenza non ha nulla a che vedere con la soluzione del problema, ma che ha come risultato quello di risolvere il problema stesso. Considerando solo i fatti e non le supposizioni che limitano le possibilità di soluzione, sai dare una spiegazione a questi fatti?

1. Il cavallo alato

Un cavallo senza cavaliere vola sopra una torre
e atterra su un uomo il quale sparisce.

Come lo spieghi?

2. Sotto l'ombrello

Tre persone molto grasse tentano di ripararsi sotto
un piccolo ombrello e nessuna si bagna.

Come lo spieghi?

3. Non gettare oggetti dalla finestra

Una donna lancia un oggetto dalla finestra di casa, e proprio
a causa di tale lancio rimane gravemente ferita.

Come lo spieghi?

Soluzioni:

1. Si tratta di una mossa del gioco degli scacchi nella quale un cavallo mangia un pedone.

2. I tre si stanno riparando dal sole.

3. La donna ha lanciato un boomerang.

Test 93

Test per il subconscio

Parecchie azioni sono governate dalla parte inconscia del nostro cervello. Il subconscio è molto più importante e risolutivo di quanto si creda. Verificalo con questo subdolo test.

Rispondi alle seguenti domande affidandoti a lui, il tuo subconscio, poi controlla le risposte e calcola il punteggio ottenuto.

1. Che cosa pesa di più, mezzo tacchino vivo o mezzo tacchino morto?

2. È nevicato. Sulla via c'è uno spazzaneve in azione.
Dove butta la neve quando parte?
E se arriva sopra una ponte?
E se passa sotto una galleria?

3. A un allevatore nascono due vitelli gemelli. Questi stanno nello stesso pascolo, mangiano la stessa erba, bevono la stessa acqua, vivono nella stessa stalla, dove dormono lo stesso numero di ore. Eppure dopo due mesi, uno è secco e uno è magro. Come mai?

4. Quante cifre 9 ci sono tra 1 e 100?

5. In un angolo di uno stagno sono cresciute delle ninfee. Queste, ogni giorno raddoppiano l'area occupata, cosicché dopo dieci giorni lo stagno ne è completamente ricoperto. Dopo quanti giorni era pieno per metà?

6. Ci sono due botti della stessa forma e dello stesso materiale. Una è vuota e pesa un quintale l'altra e piena e pesa 25 kg. Di che cosa è piena la seconda botte?

7. I tuoi amici ti sottopongono a una prova di abilità. Ti danno una scatola di fiammiferi e due micce della stessa lunghezza. Le micce impiegano entrambe esattamente un'ora per bruciare completamente. Ti hanno poi detto: «Vieni da noi fra tre quarti d'ora». Sei senza orologio. Come lo misuri il tempo con micce e fiammiferi?

8. Immagina di guidare un autobus. Lungo il percorso ci sono 6 fermate. All'inizio sull'autobus ci sono 20 passeggeri. A ogni fermata salgono 4 passeggeri e ne scendono 3. L'autobus impiega 20 minuti a completare la sua corsa. Quanti anni ha l'autista?

Da 0 a 3 risposte

Sei eccessivamente razionale. Spesso i problemi si risolvono affidandosi all'intuizione e al cosiddetto istinto, come fanno i bambini. Rivedi le tue strategie osservando quel che fanno i più piccoli.

Da 4 a 7 risposte

Bravo, bene, sette più! Mi sa che sei un tipo tosto. Le domande non erano semplici e tu sei in grado di attivare il tuo sesto senso a comando. Istintivo!

Tutte le risposte

Hai dell'incredibile! In pochi sono capaci di rispondere a tono a questo genere di quesiti. Fai paura! Mostruoso.

Soluzioni

1. Non si può pesare mezzo tacchino vivo.
2. Quando parte butta la neve dalle due parti. Se arriva sopra una ponte, la butta di sotto. Se passa sotto una galleria? Nella galleria non nevica.
3. Secco e magro hanno lo stesso significato.
4. 20.
5. 9.
6. Di buchi.
7. Accendi contemporaneamente le due micce: una solo da un lato e l'altra da tutt'e due le estremità. Quando quest'ultima si sarà completamente consumata sarà trascorsa esattamente mezz'ora. Accendi quindi anche l'altra estremità della miccia restante. Questa si consumerà esattamente dopo un altro quarto d'ora. Dall'accensione iniziale saranno trascorsi tre quarti d'ora.
8. L'autista sei tu.

Test 94

Lo strano caso dell'ispettore Neri

Sherlock Holmes, il personaggio creato da Arthur Conan Doyle più di cento anni fa, è il protagonista di racconti appartenenti al genere del giallo deduttivo. Il genere è caratterizzato dalla strabiliante capacità del nostro investigatore privato di trovare la soluzione del mistero in base a particolari che sfuggono alla maggior parte delle persone comuni. E tu, che genere di investigatore sei?

Aiuta l'ispettore Neri a risolvere lo strano caso dell'aquilone, usando la logica e la tua capacità di concentrazione.

Il signor Rossi durante un interrogatorio per un caso di omicidio ha dichiarato: «Stavo camminando sulla spiaggia, ascoltando il rumore delle onde e guardando il mio aquilone che volava sul mare aperto, quando sono letteralmente inciampato nel cadavere, tanto che mi sono fatto sfuggire di mano il filo. Poi ho telefonato alla polizia con il mio telefono cellulare».
A quel punto l'ispettore Neri, dopo aver buttato della cenere di sigaro sulla spiaggia non lontano dal cadavere, vide le classiche impronte di un gabbiano che si dirigevano verso il mare.
«L'uccello deve averle lasciate non più tardi di 20 minuti fa altrimenti la marea le avrebbe già cancellate» pensò fra sé.
«E a proposito» disse a Rossi «Dov'è finito il suo aquilone?».
«Chissà?» rispose l'uomo «Dopo aver perso il filo l'ho visto andare sempre più verso il mare aperto, spinto dal vento».
«Ma ora il mare è calmo e non c'è neanche un alito di vento» notò l'ispettore.
«Sì, è vero, il vento si è calmato poco prima che arrivaste voi» ribatté Rossi.
«Venga un po' qui» disse a questo punto l'ispettore.
«Lei ha il diritto di fare una telefonata al suo avvocato. E non deve dispiacersi se ha perso il suo aquilone. Nel cortile della prigione è difficile farli volare».

Perché l'ispettore è convinto che Rossi sia implicato nell'omicidio? Rileggi con attenzione e pensa a un'ipotesi, poi leggi la soluzione.

Soluzione del caso

Rossi ha affermato che il suo aquilone stava volando verso il mare, lontano dalla spiaggia. Le impronte del gabbiano indicano invece che l'uccello aveva preso il volo verso il mare, e poiché i gabbiani, come gli aerei, decollano sempre contro vento, al momento dell'omicidio il vento doveva spirare verso terra. È quindi l'aquilone avrebbe dovuto dirigersi verso l'entroterra. Avendo Rossi mentito su questo aspetto fondamentale non doveva, evidentemente, essere estraneo all'omicidio.

Test 95

Come si spiega?

Le persone più flessibili sono quelle che hanno a disposizione più soluzioni per lo stesso tipo di problema. Per intenderci, sono quelle che vincono sull'*Isola dei famosi*. E tu che grado di flessibilità mentale possiedi? Mettiti alla prova con questa serie di domande, alle quali puoi rispondere con successo usando l'istinto che ti caratterizza.

1. Se Monica avesse voluto un gelato crema
e cioccolato, il suo fratellino sarebbe ancora vivo!
Informazioni addizionali:
Il gelato crema e cioccolato era nel freezer.
Il freezer era in cantina.

Come si spiega?

2. Se Giovanni avesse acceso la luce sarebbe ancora vivo!
Informazioni addizionali:
Era in casa da solo e un ladro gli aveva sparato.
Non era di giorno.
Dopo che gli avevano sparato aveva fatto una telefonata.

Come si spiega?

3. È notte fonda. Un signore insonne
è seduto sul letto di una camera d'albergo.
Disperato perché non riesce a prendere
sonno, a un certo punto fa una telefonata,
aspetta che l'altro risponda, non
parla e dopo si addormenta.
Informazioni addizionali:
Dopo un'ora circa quel signore si sveglia.
di nuovo e fa un'altra telefonata come la prima.

Come si spiega?

4. Una donna cammina tranquilla sull'acqua.
Informazioni addizionali:
L'acqua, in quel punto, è profonda sei metri.
La donna cammina effettivamente
sull'acqua e non su un ponte.
È una donna normale, non il personaggio di un film.
La donna indossa scarpe normali e non dei galleggianti.

Come si spiega?

5. Un tale sta viaggiando in auto per una strada di montagna quando fora una gomma. Mentre sta sostituendo la ruota, i quattro bulloni che aveva appoggiato per terra dopo averli svitati, rotolano giù dal burrone. Impossibile recuperarli. Senza neanche un bullone com'è possibile fissare la ruota? L'uomo allora si rassegna a fare l'autostop. Si ferma una bellissima bionda a bordo di un fuoristrada. La ragazza ascolta il problema poi gli dà un suggerimento che gli permette di arrivare a casa tranquillo con la sua auto.

Qual è questo suggerimento?

6. È scoppiato un incendio nella savana: sei in una sterminata prateria di erba alta e secca. In lontananza vedi un immenso incendio che avanza verso di te, spinto dal vento. Non puoi fuggire perché la velocità del vento è più elevata della tua.

Non puoi rifugiarti da nessuna parte perché tutto intorno a te c'è solo erba. Guardi nelle tasche alla ricerca del telefono, ma scopri di avere soltanto un accendino.

Che cosa fai per salvarti?

7. Due padri e due figli andarono a pescare e pescarono in tutto 9 pesci. Quando venne il momento di spartirsi il pescato scoprirono che ce n'erano esattamente 3 a testa.
Informazioni addizionali:
Non c'erano gatti nei dintorni.
Si spartirono effettivamente 9 pesci.
Non c'era nessun pesce dentro un altro pesce.

Come si spiega?

Leggi le soluzioni e confrontale con le tue risposte.

1. Il fratellino di Monica, che era molto piccolo, voleva prendere un gelato che si trovava in fondo al freezer. Purtroppo vi cadde dentro e lo sportello del freezer si chiuse. Poco dopo Monica tornò da scuola e sua mamma gli chiese: «Vuoi un gelato crema e cioccolato per merenda?». Lei rispose: «No, preferisco una banana!». Se avesse voluto il gelato, la mamma sarebbe andata a prenderlo nel freezer in cantina e avrebbe potuto salvare il fratellino che era ancora vivo.
2. È notte. Giovanni si trova nel suo salotto, ferito gravemente e le luci sono spente. Per fortuna, prima di svenire riesce a raggiungere il telefono e a fare il numero del pronto soccorso. Giovanni ha imparato quel numero così bene che sa farlo anche al buio. Per sfortuna, poiché le luci sono spente, Giovanni non si accorge che il telefono è alla rovescia e di conseguenza digita sulla tastiera un numero completamente sbagliato.
3. Il tizio nella camera accanto russa come un orco. La telefonata lo sveglia ed egli smette di russare. Dopo un'ora ci risiamo.
4. La donna cammina sulla superficie di un lago ghiacciato.
5. Toglie un bullone da ognuna delle altre tre ruote e fissa la ruota di scorta con soli tre bulloni. In questo modo ogni ruota è fissata con tre bulloni, sufficienti però a far ritorno a casa.
6. Dai fuoco all'erba creando un fronte largo 100 metri. Il vento spin-

gerà il fuoco, creando una radura di erba bruciata. Tu entrerai in quella radura nella quale non potranno più alzarsi le fiamme.
7. Le persone erano effettivamente tre: un ragazzo, suo padre e suo nonno. Due di esse pertanto sono padri e due sono figli.

Da 0 a 2 risposte
Stai correndo seri rischi a causa della tua mancanza assoluta di flessibilità. O sei una persona ricchissima, attorniata da servitori e collaboratori in gamba che ti assistono per tutta la giornata, oppure ti trovi di sicuro nei guai fino al collo.

Da 3 a 6 risposte
Potresti anche risultare vincitore dell'*Isola dei famosi*, buon senso e arguzia non ti fanno difetto! Flessibile al punto giusto passi indenne in mezzo a qualunque tipo di crisi: sia materiale sia sentimentale. Sai come fare per vivere felice.

Tutte le risposte
Sei il classico esempio da citare quando si parla di "dinamica dei sistemi", là dove il primo assioma recita: «In un sistema chiuso l'elemento più flessibile è quello con le maggiori possibilità di sopravvivenza». Un animale scaltro e intelligente.

Test 96

Due strani killer

Prova a cimentarti con questi due bizzarri casi d'omicidio. Calati nei panni di Maigret o del Dr. House e risolvi i due delitti. Ricorda che per arrivare a una soluzione elegante e semplice devi far ricorso alla tua capacità di pensare in maniera non banale. Sii diverso e dai il tuo contributo alla criminologia scientifica.

Primo omicidio
Una sera un uomo uscito dall'aeroporto sale su un taxi e dà all'autista l'indirizzo di destinazione. I due uomini non si parlano durante tutto il tragitto. Poi il tassista si ferma in un vicolo buio prende un grosso sasso da terra e uccide il cliente. Quindi lo scarica dall'auto e lo abbandona. Il tassista non è né folle né un criminale, né tanto meno aveva incontrato o conosciuto prima il cliente. Perché, dunque, lo uccide?

Secondo omicidio
Una donna è morta, stesa a terra nel suo appartamento a causa di una esalazione di gas. L'ultima persona che l'ha sentita è stata sua sorella al telefono. La donna morta aveva raccontato alla sorella di aver messo a cuocere una torta nel forno a gas e che sarebbe andata a riposarsi. Da quel momento la polizia è sicura che nessuno è entrato nell'appartamento, che ha le finestre e le porte ben chiuse, e archivia il caso sotto la voce incidente. In realtà si tratta di un vero e proprio assassinio compiuto dal marito della donna. Come ha fatto il criminale?

Soluzione del primo caso
Il cliente ha voluto che il tassista lo portasse nei pressi di una villetta isolata, che è anche l'abitazione del tassista stesso. Egli quindi uccide per un eccesso di gelosia, convinto che l'uomo sia l'amante della moglie!

Soluzione del secondo caso
Quando la donna si è addormentata con il forno acceso, il marito ha chiuso la chiavetta del contatore del gas in cortile, poi l'ha riaperta causando la fuga di gas che lo ha reso vedovo.

Test 97

Bravo al volante!

Spesso cerchiamo il rimedio ai nostri problemi con ragionamenti contorti e astrusi. Quasi sempre, invece, l'idea vincente ci sta proprio davanti agli occhi, ma noi non la vediamo per il semplice motivo che li teniamo ben chiusi. Anzi, a volte infiliamo la testa sotto la sabbia come fanno gli struzzi. Tu invece spalancali e risolvi questo bizzarro caso.

Un uomo nero, molto ubriaco, vestito di nero e con una maschera nera sta barcollando in mezzo a una strada con l'asfalto tutto nero, proprio dietro una curva a gomito. La strada è completamente deserta, i lampioni sono spenti, in cielo non c'è la luna ma solo tante nuvole nere. Le case ai fianchi della via sono tutte dipinte di scuro, hanno le finestre chiuse e le luci spente. Improvvisamente, da dietro la curva spunta un'auto nera, con i fari spenti, a tutta velocità. Eppure il conducente riesce, senza difficoltà apparente a evitare, con una brusca sterzata, l'uomo tutto nero. Come ha potuto?

Un particolare molto importante: il guidatore dell'automobile indossava anche un paio di occhiali scuri.

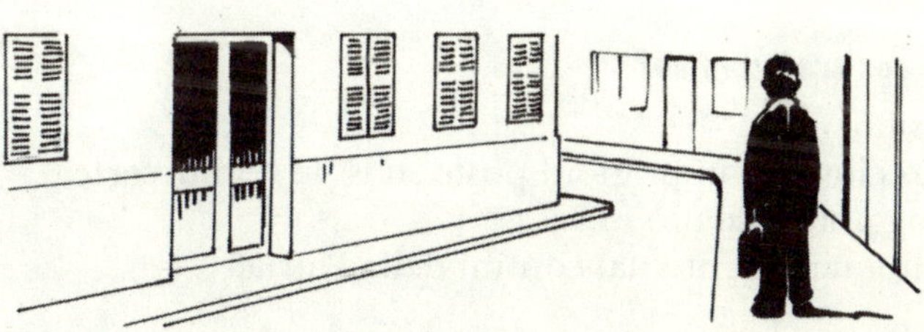

Soluzione: perché è giorno. Per questo tutte le luci sono spente, ma il conducente ci vede benissimo.

Test 98

Test per l'assunzione in banca

Rispondi alle nove domande esposte qui di seguito per poter superare il concorso della Banca Asinelli.

1. La Mole Antonelliana ha preso il nome...

A. Dal progettista che l'ha disegnata. ☐
B. Dal quartiere in cui sorge. ☐
C. Dal fiume presso il quale fu innalzata. ☐
D. Dal personaggio storico a cui è dedicata. ☐

2. Chi pronunziò, all'indomani dell'Unità d'Italia, la famosa frase «L'Italia è fatta, ora bisogna fare gli italiani»?

A. Massimo D'Azeglio. ☐
B. Camillo Benso conte di Cavour. ☐
C. Vittorio Emanuele II. ☐
D. Giuseppe Garibaldi. ☐

3. Chi ha affrescato il *Cenacolo*?

A. Piero della Francesca. ☐
B. Giotto. ☐
C. Michelangelo. ☐
D. Leonardo da Vinci. ☐

4. Che cos'era il confino?

A. L'esilio. ☐
B. La reclusione in prigioni poste su isole semideserte. ☐
C. Il soggiorno coatto in casa. ☐
D. L'allontanamento dai confini della Patria. ☐

5. Che cosa indica il termine Decadentismo?

A. Un movimento letterario del 1880 che faceva capo a Verga. ☐
B. Un movimento letterario-filosofico del secondo dopoguerra. ☐

C. Una fase storico culturale europea
che va dal 1880 fino al primo decennio del Novecento. ☐
D. Un movimento anarchico che portò all'assassinio
di re Umberto I. ☐

6. *Quale delle seguenti parole è piana?*

A. Virtù. ☐
B. Limpido. ☐
C. Litigano. ☐
D. Antico. ☐

7. *Quale dei seguenti Paesi non si trova in America?*

A. Yemen. ☐
B. Bolivia. ☐
C. Brasile. ☐
D. Perú. ☐

8. *Quante sono le fasi della Luna?*

A. 2 ☐
B. 5 ☐
C. 3 ☐
D. 4 ☐

Da 0 a 3 risposte
O hai deciso che quello alla Banca Asinelli non è il posto per te, e quindi le hai sbagliate di proposito, oppure, se ce l'hai messa tutta, non eri nel giorno giusto. Il bioritmo ti ha tradito. Sei distratto.

Da 4 a 7 risposte
Mica male per un aspirante alla carriera bancaria! Continua a esercitarti, magari con test per la crescita personale, e vedrai realizzati i tuoi sogni professionali. Sei tenace.

Tutte le risposte
Mi sa che sei sprecato per quel posto da cassiere. Faresti di sicuro meglio come dirigente nella polizia municipale o nel coro dei pompieri. Sei ambizioso.

Le risposte corrette: 1. A; 2. A; 3. D; 4. C; 5. C; 6. D; 7. A; 8. D.

Test 99

E per finire in bellezza...

Non sempre, usando i soliti schemi di pensiero, è possibile risolvere certi enigmi che sembrano privi di una soluzione reale. In certi casi è necessario sovvertire le regole per scoprire che esistono addirittura più soluzioni che si adattano in modo del tutto logico al problema.

Prova a risolvere questi strani quesiti. Anzi, indica più di una soluzione, confrontala con quelle proposte e leggi la valutazione finale.

1. Un cane è legato per il collare a una catena lunga 2 m precisi. Eppure riesce ad afferrare un osso di prosciutto che sta a 2,5 m di distanza da lui.

Come ci riesce?

2. Due fantini devono fare una strana gara in cui vincerà quello che dei due arriva ultimo.

Come faranno?

3. Un gatto nero salta dalla finestra dell'ottavo piano e prosegue indenne, camminando tranquillamente.

Com'è dunque possibile sopravvivere a questa caduta?

4. Tu e il tuo amico Alfredo decidete di fare una gara e misurare, il più velocemente possibile, un campo da calcio in base al numero dei vostri passi. Ciascuno di voi corre su una delle linee laterali, da un capo all'altro del campo. Chi dà il numero dei propri passi giusto vince. A metà gara, purtroppo, ti rendi conto che il tuo amico Alfredo ha il passo più lungo del tuo ed è quasi arrivato alla fine del campo.

Come fai a recuperare e vincere la sfida?

Valutazione finale

Se hai risposto ad almeno due quesiti, trovando soluzioni reali e logiche, possiamo stare tranquilli, perché il futuro del nostro Paese è in buone mani. Fossero tutti come te! La tua capacità di immaginazione è sufficiente per porre le premesse di un futuro radioso. Non sarai perfetto, ma sei comunque un buon risolutore. Hai proposto soluzioni reali a tutti e quattro i quesiti: incredibile! Potresti tranquillamente lavorare alla NASA senza sfigurare. Pensi che quei cervelloni siano più abili di te nel *problem solving*? Sei una creatura immaginifica, gloria e vanto della tua città. Tra cent'anni ti dedicheranno di sicuro una via, con il tuo nome inciso a chiare lettere.

Alcune soluzioni possibili:

1. Prima soluzione: da nessuna parte dell'enunciato del problema sta scritto che l'altro capo della catena sia legato a qualcosa (alla cuccia, a un albero, a un palo ecc.) quindi il cane è libero di muoversi come gli pare e raggiungere l'osso tirandosi dietro la catena. **Seconda soluzione**: se il cane è lungo almeno mezzo metro, con le gambe posteriori può attirare l'osso verso di sé.

2. I fantini si scambiano i cavalli e vince il proprietario del cavallo che arriverà per ultimo. Naturalmente, in questa gara, i due fantini correranno il più velocemente possibile.

3. Il micio è saltato dentro la stanza e non giù dall'ottavo piano.

4. Tu sei solo a metà gara, mentre Alfredo è più veloce ed è quasi arrivato in fondo al campo. Allora, appena arrivi sulla linea della metà campo, ti fermi (mentre Alfredo sta ancora correndo) e dichiari il numero dei tuoi passi moltiplicato per due.